토닥토닥
초등
문해력
상담소

아이의 공부머리를 깊고 넓게 키우는

토닥토닥 초등 문해력 상담소

신효원 지음

웅진 지식하우스

들어가는 말

책 많이 읽게 하면 문해력이 저절로 키워질까요?

이 책을 펼친 부모님이라면 누구나 한 번쯤 이런 말을 들어 보셨을 겁니다.

- 문해력은 성적을 좌우한다
- 책을 많이 읽어야 문해력이 향상된다

이와 더불어 '공부 잘하는 아이는 책을 많이 읽는다', '공부 잘하는 아이는 이런 책을 주로 읽는다'라는 이야기도 숱하게 들어왔을 거예요. 여기까지 놓고 보면 문해력을 키우는 방법은 꽤 단순한 듯 보입니다. 공부 잘하는 아이들이 읽는다는 책을 우리 아이한테도 읽히면 해결될 일이니까요. 그럼 우리 아이의 문해력도 향상되고 성적도 오를 테죠.

그러나 애석하게도 현실은 이와 다르게 흘러갈 때가 더 많습니다. 책에는 일절 관심을 보이지 않는 아이가 있는가 하면, 잘 읽던 아이가 책을 쳐다보지도 않는 날이 불쑥 찾아오고, 책만큼은 많이 읽게 했다 자부했건만 고학년이 된 아이의 어휘력과 문해력이 말도 안 되게 낮다는 사실과 마주하게 되니까요. "책을 많이 읽으면 문해력이 는다면서요? 성적이 올라간다면서요? 권장 도서만 골라 열심히 읽혔는데 왜 이렇게 문제조차 이해하지 못하는 걸까요? 이럴 땐 어떻게 해야 하나요? 도서관에 자주 데리고 가면 되나요? 아이를 옆에 앉혀두고 같이 한 페이지씩 읽어가면 되나요?" 강연장에서 만난 부모님들이 제게 가장 빈번하게 물어보시는 것들입니다.

'문해력=성적'이라고 하길래, 책을 많이 읽히면 문해력이 저절로 향상된다길래 그렇게 했을 뿐인데, 오히려 아이의 문해력이 점점 더 떨어지는 것처럼 보인다면 부모는 불안할 수밖에 없습니다. 그리고 부모가 느끼는 이런 불안감은 아이에게 고스란히 전달됩니다. 아이들은 '나는 책을 잘 못 읽고, 쓰기도 잘 못해' 같은 생각을 하게 되고, 결국 읽기 효능감에 큰 타격을 입게 되죠. 이것이 우리의 문해력 현주소입니다.

"소장님은 문해력 책도 여럿 쓰고 한국어 교육 전문가시니까 자녀 문해력은 걱정 안 해도 되겠어요. 아이가 국어 잘하죠?"

학부모님들 말씀처럼 아이 키우는 일이 쉽게 흘러갔으면 좋겠는데, 수십 년 한국어 교육에 몸담은 저라고 해도 별반 다르지는 않더군요. 아이가 자라면서 보이는 수많은 언어 발달상의 변화를 맞닥뜨릴 때마다 저 역시 당황하고 불안한 순간을 지나쳐올 수밖에 없었습니다.

문해력 키우기가 이다지도 까다로운 이유는 문해력이 아이의 기질, 성향, 환경에 따라, 또 아이가 성장하는 매 순간 다른 방식을 적용해야 자라나는 것이기 때문입니다. 그럼에도 우리가 이제껏 들어온 해결책은 '책을 많이 읽히세요. 그럼 문해력이 저절로 키워지고 성적도 같이 오릅니다'라는 제안이었어요. 이 단선적인 방향이 우리를 그동안 낙심하게 만든 건 아닌지 되돌아볼 필요가 있겠습니다.

아이의 성장에 따라 방향을 달리해야 하는 문해력의 여정을 어떻게 하면 무사히 헤쳐나갈 수 있을까요? 어떻게 하면 불안에서 벗어나 아이들의 문해력을 건강하게, 그리고 확실하게 키울 수 있을까요? 문해력에 대해 쏟아지는 많은 정보 속에서 우리는 무엇을 믿고 따라야 할까요?

이 책은 바로 이 물음표에서 출발했습니다. 많은 부모님이 답답하고 불안한 순간에 떠올릴 법한 질문을 끌어내고, 이에 대한 답을 드리고자 이 책을 집필했습니다. 앞에서도 말씀드린 것처럼 문해력은 아이에 따라 다양한 방식으로 접근하고 키워나가야 합니다. 이를 위해서는 효과적이라고 입증된 연구 결과가 필요합니다. 개인적 경험이 마치 모든 아이에게 일괄적으로 적용되는 것처럼 '이렇게 하면 문해력이 자랍니다'라고 제안하며 권하는 것은, 어떤 아이들에겐 효과도 없을뿐더러 시간만 낭비하는 일이 될 수 있기 때문입니다.

따라서 이 책에 실린 문해력 키우는 방법은 그동안 제가 해온 연구에서 비롯된 교육적 신념을 포함해 여러 언어 연구자의 연구 결과에 기초한 것임을 알려드립니다. 아이들은 교육적으로 검증되었으면서도 실효성 있는 방법을 통해 자신의 속도와 방식대로 문해력을 키워나가야 합니다. 다양한 문해력 향상의 길을 열어주면서 아이가 자신의 언어 세계 안에서 어떻게 반응하는지, 그것이 어떤 문해력 성장으로 이어지는지 지켜보는 일이 무엇보다 중요합니다.

그동안 제가 강연장에서 만난 독자들은 모두 어마어마한 성장 가능성을 지닌 어린이들이었습니다. 그 짧은 강연 시간 동안 몇 번의 소소한 시도만으로도 아이들의 대답과 눈빛이 달라지는 모습을 확인했죠. 이 책에 소개된 다양한 문해력 향상 방법을 통해 부모님이 문해력의 다정한 동반자가 되어준다면, 우리 아이들은 누구보다도 넓고 큰 문해력의 동그라미를 그려갈 수 있으리라 믿습니다.

이 책에 실린 다양한 방법을 이리저리 활용해보세요. 아이에게 맞는 방법도 있고 아닌 것도 있을 겁니다. 얼마 전까지는 좋아하더니, 어느 날 갑자기 아이가 하기 싫어할 수도 있어요. 그럼 또 다른 방법으로 바꿔보면 됩니다. 이와 같은 부모님의 시도가 모이고 모일 때 아이의 '문해력 효능감'이 쑥쑥 자랍니다. 그리고 이 효능감을 느낀 아이일수록 읽고 쓰는 힘을 지닌 '똑똑한 어린이'로 자라날 확률이 높아집니다. 성적이요? 그건 이 과정에서 당연한 듯 그냥 따라올 거예요. 성적은 문해력이 주는 수많은 선물 중 하나일 뿐이니까요.

이제 '문해력=성적'이라는 좁은 틀에서 벗어나, 더 넓은 문해력의 동그라미를 이 책과 함께 그려나가면 좋겠습니다. 이 책이 끝을 향해 갈 무렵, 부모님은 어느새 따뜻한 눈으로 아이들을 바라보고 지지하는 문해력 후원자가 되어 있으리라 믿습니다.

2025년 가을
신효원 드림

차례

들어가는 말 | 책 많이 읽게 하면 문해력이 저절로 키워질까요?　　　5

PART 1
학부모가 반드시 알아야 할
초등 문해력의 원칙

문해력의 첫 번째 조건, '읽기 유창성'	17
학년이 올라가면 독서 습관도 달라져야 합니다	25
다독보다 100배 강력한 '질문하며 읽기'의 힘	32
필요할 때 정확하게 꺼내 쓰는 힘이 진짜 어휘력입니다	36
어휘 민감도, 책만 읽어서는 길러지지 않아요	43
찬밥 신세인 '쓰기', 문해력 향상에 결정적인 이유	49
문해력 좋은 아이의 숨은 무기, '맥락 있는 말하기'	58

　　취학 전, 이것이 궁금해요!　　　67

PART 2
초등 저학년: 평생 가져갈 언어능력의 기초 다지기

언어 발달의 변곡점, 아홉 살	79
○○에서 배우는 어휘량은 책을 읽을 때의 10배	82
모르는 단어 때문에 책을 덮는 아이라면	85
까다로운 추상어 학습, 이렇게 시작하세요	87
읽기를 싫어하는 예상 밖의 이유를 아시나요	94
'독자 정체성'으로 숨은 읽기 능력 찾아내기	100
독서 의욕 요리조리 자극하는 부모의 말	105
너무 많은 선택지, 읽기 실력에 독이 됩니다	110
학습 만화, 8~10세만큼은 피해야 합니다	113
읽은 내용을 머릿속에 묶어두는 효과 만점 밑줄 긋기	116
여섯 가지 질문으로 '깊이 읽기' 시작하기	119
지나친 독후 활동이 아이를 지치게 만듭니다	124
여덟 살에 시작하는 한 문장의 위력	126
단순 연상 글쓰기에서 벗어나야 하는 이유	132
'말이 되는' 글을 낳는 하루 10분 쓰기 훈련	135
글쓰기 싫어하는 아이, 이런 반응이 필요해요	142
반듯한 손 글씨에 숨은 진짜 의미	145
성별에 따라 글쓰기에 차이가 있을까	149
초등 1~3학년, 이것이 궁금해요!	152

PART 3
초등 고학년: 공부머리 넓히는 문해력 쑥쑥 키우기

책 많이 읽는 아이, 어휘력은 왜 빈곤할까	161
단어 확장 도구, 사전 제대로 활용하는 법	166
복잡한 한자 어휘, 슬렁슬렁 감각 익히기	170
초등 고학년, 책과 다시 가까워지는 법	179
사소한 '읽기 성장'이 문해력을 자라게 합니다	187
아이가 책을 왜 읽어야 하냐고 묻는다면	190
무궁무진한 생각을 끄집어내는 '말풍선 달기'	193
머릿속 지식 조각을 잇는 촘촘한 '읽기 그물' 만들기	195
바쁜 학기 중에는 하루 10분 '짧고 굵게 자주' 읽기	198
포기하지 않고 읽는 훈련, 긴 호흡으로 한 권 읽기	202
남학생 vs 여학생, 흥미를 느끼는 읽기 방식이 달라요	207
4학년이라면 의미 없는 글쓰기는 이제 그만	216
연결어미로 시작하는 단단한 문장 쓰기 연습	221
별것 아닌 것 같지만 정말 중요한 접속사 제대로 쓰기	224
같은 표현 반복하기, 어떻게 고칠까	228
고학년 글쓰기의 필수, 구조에 맞게 내용 조직하기	230
잘 읽고 잘 쓰는 아이의 비결, '생각의 지도' 만들기	243
읽기만 하는 부모 vs 마음을 나누는 부모	245
초등 4~6학년, 이것이 궁금해요!	249

PART 4
우리 아이 성향에 맞는 적합 도서 리스트

권장 도서 대신 '적합' 도서를 읽어야 하는 이유	**257**
취학 전, 이럴 때 이런 책	**260**
초등 1~3학년, 이럴 때 이런 책	**281**
초등 4~6학년, 이럴 때 이런 책	**299**

참고 문헌	**314**

PART 1

학부모가 반드시 알아야 할 초등 문해력의 원칙

문해력의 첫 번째 조건,
'읽기 유창성'

　건너 건너 아는 집 공부 잘하는 '어떤' 아이들은 화장실에 갈 때도 책을 들고 간다거나, 틈만 나면 책을 읽고 싶어 안달이라는 이야기가 들려올 때가 있습니다. 하지만 이런 아이들은 현실에선 아주 극소수입니다. 특히 초등학교 3학년 이상이 되면 점점 찾아보기 힘들어집니다. 책 읽기를 좋아했던 아이들조차 이 시기가 되면 돌변할 때가 많으니까요.
　부모님은 불안한 마음에 아이를 채근하게 되지만, 아이가 유아기나 초등 저학년 때에 비해 책과 점차 멀어지기 시작하는 건 어찌 보면 자연스러운 일입니다. 일단 중학년 이상만 되어도 아이들이 책을 읽을 물리적 시간이 크게 줄어듭니다. 또 세상에는 책 외에도 재미난 게 너무 많다는 것을 알아버려서 아이들의 관심이 다양한 곳으로 분산되고요. 혹은 읽기 유창성이 제대로 형성되지 않은 경우에도 책 읽기를 부담스러워하게 됩니다. 글을 정확하고 빠르게 읽는 능력인 읽기 유창성은 책을 읽기 싫어하게 하는 근본적이고 내재적인 요인으로 작용하거든요.

그러나 어떤 이유로든 책을 안 읽게 된 아이를 그대로 내버려둘 수는 없겠죠. 부모라면 자녀가 적당히 소통하며 살아가는 '자연인'으로서의 언어 사용자가 아닌, '제대로 읽고 생각하고 쓸 줄 아는 지성인'으로서의 삶을 살아갈 수 있게 도와줘야 하니까요. 책 읽기와 관련해서는 시기별로 제각각 다른 접근이 필요합니다. 이에 대해선 2장부터 자세히 다루기로 하고, 1장에서는 초등 저학년부터 고학년까지 고루 적용할 수 있는 '읽기 유창성 키우는 법'을 먼저 이야기해보려고 합니다.

머릿속에 내용이 그려지는
읽기 유창성의 위력

다정한 부모 목소리를 듣고만 있으면 됐던 유아기의 읽기 활동은 학령기에 접어들면서 크고 작은 변화를 보입니다. 어떻게 보면 다소 수동적이었던 '이야기 듣기'를 넘어 스스로 유창하게 읽어나가야 하는 시기가 온 겁니다. 이렇게 말하면 이게 뭐 대수인가 싶은 분도 있을 겁니다. 한국 사람이라면 한국어로 유창하게 말하고 듣는 일만큼이나 읽고 쓰는 것은 시간이 지나면 저절로 되는 일이라 생각하니까요.

그러나 안타깝게도 인간의 머릿속에는 읽고 쓰는 DNA가 새겨져 있지 않습니다. 그러니까 생각하면서 읽고 쓰는 능력은 자연스럽게 습득되는 것이 아닌, 죽을힘을 다해 갈고닦아야 겨우 얻는 특별한 능력인 거예요. 이 능력을 잃지 않고 살아가기 위해 너 나 할 것 없이 노력해야 한다는 것은 인간이라면 모두가 공평하게 지고 가는 숙명 같은 것이죠.

우리가 지금 책을 읽고 있는데 '배고픈 사자가 어슬렁거리며 마을에 내려와 여기저기 기웃거렸다' 같은 문구를 읽었다고 상상해보겠습니다. 이 문장을 읽자마자 머릿속에 그림이 그려질 거예요. 이처럼 머릿속에 자동 반사적으로 내용이 정확한 그림으로 그려지는 것이 읽기 유창성입니다. 읽기 유창성이란 글을 정확하고 빠르고 적절하게 읽는 능력을 말해요. 빠르고 정확하게 읽는다는 건 단어를 올바르게 읽고 자동 반사적으로 의미를 떠올리는 능력입니다. 적절하게 읽는다는 것은 어디에서 끊어 읽어야 의미가 잘 전달되는지 아는 상태에서 감정을 살리고 적절하게 멈추기도 하면서 읽는 능력이고요.

읽기 유창성이 떨어지면 단어의 의미가 빠른 속도로 떠오르지 않고, 어디서 끊어 읽어야 의미가 잘 전달될지 몰라 머릿속에 뿌연 안개만 잔뜩 낍니다. 당연한 말이지만 읽기 유창성이 좋은 아이들이 국어 실력도 좋습니다. 연구 결과에 따르면, 적절하게 끊어 읽는 아이는 그러지 못하는 아이보다 묵독할 때 이해력이 월등히 좋다고 합니다. 끊어 읽기 능력은 초등 고학년은 물론 중학생에 이르기까지 아이들의 읽기 이해도를 예측하는 강력한 변인으로 작용하기도 해요. 어디서 끊어 읽는지 보기만 해도 아이가 어느 정도 이해하는지 알 수 있다는 거죠.

읽기 유창성을 키우는 '의미 단위로 끊어 읽기'

서점에 가면 아이에게 책 읽어주는 부모님들을 쉽게 목격할 수 있습니다. 한글을 가르치겠다는 생각에 한 음절 한 음절을 손가락으로 가리키며 또박또박 읽어주는 분들도 종종 봅니다. 음절의 소리와 모양을 잘 듣고 기억하라는 의도를 담은 이러한 읽기는 아이로 하여금 글자를 모양으로만 읽게 하는 부작용을 낳곤 합니다.

  읽기 유창성을 키워주기 위해서는 의미 단위로 적절하게 끊어 읽어주는 것이 필요합니다. '이 부분은 내용이 연결되니 이어서 읽고, 여기에서는 잠시 쉬었다 가도 괜찮아' 같은 메시지를 전달할 수 있도록 적절히 끊어 읽는 담백한 읽기를 해야 합니다. 그래야 의미를 엮어 머릿속에 그림을 그릴 수 있고, 내용도 머릿속에 저장되거든요. 예를 들어 『봐도 돼?』라는 책을 같이 본다고 가정해보겠습니다. 어떻게 읽으면 아이에게 의미가 잘 전달될지 부모님도 한번 소리 내서 읽어보세요.

> 숲속은 쥐 죽은 듯 고요하고 휑해서 처음 온 곳처럼 아주 낯설게 느껴졌어요. 여우는 문득 길을 잃은 것은 토끼가 아니라 자신인 것 같은 생각이 들었어요. 여기저기서 늑대 울음소리가 으스스하게 들려왔어요. 목이 바짝바짝 타는 것 같았어요.

  읽어보셨나요? 아이들의 이해를 도우려면 단어 위주로 짧게 끊어 천천히 읽어줘야 한다고 생각하는 분들이 많습니다. '숲속은 / 쥐 죽은 듯 / 고요하고 / 휑해서 / 처음 / 온 곳처럼 / 아주 / 낯설게 / 느껴졌어요'같이요. 그런데 단어 위주로 끊어 읽으면 도리어 의미를 파악하기 더 어려워집니다. 의미를 잘 전달하려면 '숲속은 ∨ 쥐 죽은 듯 고요하고 휑해서 / 처음 온 곳처럼 ∨ 아주 낯설게 느껴졌어요'처럼 커다란 의미 덩어리에서 끊어 읽어야 합니다. 끊어 읽는다는 건 커다란 의미 덩어리가 끝났으니 잠시 쉬어 가자는 뜻으로 생각하면 됩니다.

고학년이 되어도 꼭 필요한 읽기 연습

한글을 다 익히고 난 다음부터는 아이 스스로 소리 내서 책 읽는 연습이 필요합니다. 처음에는 아이가 단어를 빠르고 정확하게 읽어 내려가지 못할 텐데, 이때 부모님이 함께 소리를 내며 책을 읽어주세요. 아이의 읽기 속도에 맞춰 천천히 함께 읽되, 아이가 큰 의미 덩어리 단위로 끊어 읽을 수 있도록 읽기를 이끌어보세요. 끊어 읽기 연습을 할 때는 아이가 하나의 의미 덩어리 단위로 끊어 읽는 데 익숙해질 때까지 함께 읽으면 됩니다.

끊어 읽기에 익숙해지면 점차 소리 내지 않고 책을 읽어보게 하는 것도 좋아요. '묵독'을 하게 하는 거죠. 스스로 속도를 조절하며 읽는 묵독은 문해력과 깊은 상관관계가 있는 독서 방법입니다. 한두 페이지라도 고요하게 묵독할 기회를 주세요.

아이와 함께 소리 내서 끊어 읽는 연습은 아이가 새로운 장르의 책을 접할 때마다 하면 좋습니다. 이야기책에서는 의미 덩어리를 잘 찾아 곧잘 끊어 읽다가도 설명문 같은 비문학 텍스트를 처음 접하게 되면 아이들이 우왕좌왕할 때가 많습니다. 비교적 어려운 단어도 많이 나오고, 아이들이 맥락을 파악하기에 낯선 주제와 상황이 나오기 때문일 거예요.

이때 부모가 함께 읽으면서 적절한 의미 덩어리를 끊어내는 연습을 몇 번만 해주면, 이야기책에서 끊어 읽기에 익숙해진 아이들은 비문학 도서에도 금세 익숙해집니다. 함께 소리 내서 끊어 읽기는 초등 고학년 때까지 계속해도 좋아요. 읽기 유창성 연습은 저학년 때 끝난다고 생각하는 분이 많지만 그렇지 않습니다. 중학년과 고학년이 되어서도 적절히 계속해나가는 게 맞습니다. 하나의 의미 덩어리를 찾아 끊어 읽지 못해 내용을 이해하지 못하는 아이들은 중학교 때도 흔히 볼 수 있기 때문입니다. 따라서 고학년이 되어 새로운 장르의 글을 읽기 시작할 때, 책 수준이 한 단계씩 높아질 때마다 소리 내서 끊어 읽기를 몇 번 같이 하면 아이의 부담감을 크게 낮출 수 있습니다.

적절하게 끊어 읽기 연습을 한 아이는 읽기 리듬을 내재화하는 데 누구보다도 유리합니다. 의미의 덩어리를 찾아가며 읽을 수 있는 아이는 혼자 묵독할 때도 스스로 의미 단위를 쉽게 찾아내거든요. 의미에 따라 한 문장을 휘리릭 빠른 속도로 단번에 읽기도 하고, 복잡한 문장에서는 속도를 늦춰 누가 무엇을 했는지 꼼꼼히 따지며 읽어가죠. 자전거 타기에 능숙해지면 빨리 달려야 하는 곳에서는 속도를 내고, 여기저기 구경하고 싶은 곳에서는 속도를 줄이는 것처럼 읽기에서도 속도를 조절하게 됩니다.

우리나라만 해도 대부분의 사람이 유창하게 읽게 된 지는 100년도 채 되지 않았어요. 그만큼 읽기 능력은 글자만 안다고 해서 자연스럽게 생기는 능력이 아니라는 이야기죠. 게다가 읽기 능력은 한번 키워놓았다고 평생 유지되는 것도 아닙니다. 안 쓰면 금세 쪼그라들고 앙상해지고 마니까요. 그런 만큼 읽고 쓰는 행위는 어쩔 수 없이 평생 의도적으로 연습해야 유지된다는 사실을 잊지 말아야 합니다.

학년이 올라가면
독서 습관도 달라져야 합니다

문해력을 키워주기 위해서는 읽기 유창성 연습과 더불어 독서 습관을 만들어주는 것이 당연히 필요합니다. 그런데 유아기나 초등 저학년 때 독서 습관을 한번 만들어주면 나이를 먹어도 쭉 이어질 것이라 기대하는 경우가 많아요. 하지만 아쉽게도 아이들의 독서 습관이나 태도는 성장에 따라 종종 바뀌고 맙니다. 그렇다면 자라나는 아이들의 연령과 수준에 맞게 독서 습관을 형성하려면 어떻게 해야 할까요?

저학년이라면 '정해진 시간'에 읽는 것부터

뻔한 말이지만 저학년 독서 습관의 핵심은 '독서 시간 최대한 확보하기'입니다. 초등 저학년 때는 중·고학년에 비해 책 읽을 시간이 상대적으로 여유롭습니다. 또 아직은 책 읽기를 적극적으로 거부하지 않을 때인 데다 접하는 책도 비교적 수월하게 읽히는 말랑말랑한 이야기책이 대부분이죠. 게다가 9~10세는 문해력 발달이 새로운 국면을 맞이해 꽃피울 준비를 하는, 언어 발달상 굉장히 중요한 시기입니다. 이런 황금 시기를 놓친다는 건 문해력으로 향하는 고속도로를 포기하고 굳이 비포장 국도로 한참 우회해 가겠다는 거나 마찬가지입니다.

독서 습관은 아이의 성향에 따라 다소 차이가 있겠지만 어쨌거나 중요한 것은 견고한 습관, 즉 '루틴'을 만들어주는 겁니다. 우리가 매일 비슷한 시간에 아침·점심·저녁 식사를 하는 것처럼 이 시기에는 정해진 시간에 책을 읽게 하는 것이 좋습니다. 책을 읽는다는 건 우리가 매일 밥을 먹는 것처럼 당연한 일이라는 생각을 심어주기 위해서예요. 아이가 책 읽기에 큰 흥미를 보이지 않을수록 더더욱 루틴이 중요합니다. 습관이 잡히려면 적어도 한 달 정도는 작정하고 독서 시간을 지켜야 해요. 정해진 시간에는 무슨 일이 있어도 일단 책을 펼치고 보는 겁니다.

태권도나 피아노 학원을 정해진 요일과 시간에 가는 것처럼, 정해놓은 독서 시간에는 언제나 자리에 앉아 책을 펼치는 거죠.

8-10세, 학습 만화를 제외하면 뭐든 좋아요

저학년 때 읽는 책은 일단 아이가 재미를 느끼는 책이어야 합니다. 이 시기에 독서 습관을 잘 잡기 위해 중요한 건 책에 대한 '흥미'거든요. 아이가 흥미를 느끼는 책은 어제 읽다가 만 책일 수도 있고, 전에 다 읽었던 책일 수도 있고, 오늘 우연히 눈에 들어온 새 책일 수도 있어요. 그러니 그날, 그 시간에 아이가 읽고 싶어 하는 책을 펼쳐보게 하는 것이 좋습니다.

그런데 여기서 조심해야 할 게 있습니다. '흥미'를 최우선으로 놓고 보면 '학습 만화'라는 복병이 부모와 아이를 향해 달려든다는 사실입니다. 학습 만화에 대해선 다음 장에서 더 자세히 말씀드리겠지만, 초등 저학년 때만큼은 피하는 게 좋습니다. 적어도 정해둔 독서 시간에는 학습 만화가 끼어들지 못하게 해야 해요. 문장과 문장을 잇고 쌓아가며 읽기 근력을 늘려가야 하는 시기, 언어 발달상 문해력이 폭발적으로 성장하는 시기에 학습 만화가 끼어들면 중학년이 되어 읽게 될 제법 긴 줄글 책에 적응하지 못할 가능성이 큽니다. 글로만 쓰인 책을 읽어나가는 '지적 인내심'을 키워야 하는 저학년의 황금 시간을 학습 만화에 빼앗기고 마는 거죠.

만약 학습 만화를 피하기 어렵다면, 일단 학습 만화는 독서 대상이 아니라는 점을 아이들에게 반드시 상기시켜주세요. 주말에 게임 시간을 따로 두는 것처럼, 정해둔 독서 시간이 아닌 때 읽게끔 지도하는 편이 바람직합니다.

중요한 건 즐겁고 편안한 마음으로 읽는 것

독서 습관을 기르기 위해 시간을 정하고 책을 읽을 때 무엇보다 중요한 것은 부모님부터 즐겁고 편안한 마음을 유지하는 거예요. 아이가 설령 책을 읽기 싫어하며 몸을 배배 꼬는 모습을 봐도, 집중하지 못하고 있는 게 눈에 훤히 보인다 해도 그러려니 하고 넘어가세요. 독서에 열중하지 못하는 아이가 못마땅하기도 하고, '즐거워 보이지 않는' 모습을 볼 때면 마음 한구석에서 불편함이 몰려와 빨리 이 상황을 해결하고 싶다는 마음이 들게 마련입니다. 그런데 아이나 어른이나 누구나 그래요. 책을 읽고 싶은 날도 있고 읽기 싫은 날도 있는 건 당연한 일이니까요. '아, 오늘은 읽기 싫은가 보구나. 그래도 이 시간은 지켜야 하니 좀 참으며 읽어보자'라고 무던하게 바라보고 넘어가세요.

독서 습관 잡기에서 가장 중요한 일은 독서는 '그냥' 하는 것이라는 인식을 심어주는 것입니다. 여기에 책 읽기 시간은 즐거운 순간이라는 긍정적 정서가 쌓인다면 더할 나위 없이 좋고요. 아이가 영 책을 읽기 싫어하는 것 같을 때는 다른 책을 고르게 하거나, 책을 한 페이지씩 번갈아 가며 읽어본다거나, 책 속 사건에 대해 이야기를 나눈다거나 하는 방식으로 변주를 주세요. 중요한 건 어쨌든 '그냥' 읽는 것입니다.

독서 습관이 무너지는 고학년일수록 필요한 '읽기 넛지'

저학년 때 열심히 만들어놓은 '정해진 시간에 많이 읽는' 독서 습관은 고학년이 되면 무너질 때가 많습니다. 일단 다니는 학원 수가 늘고 집에 늦게 오게 돼 물리적으로 책 읽을 시간이 급격히 줄어들거든요. 조바심이 나겠지만 그렇다고 불안해할 필요는 없습니다. 아이들은 자라면서 열 번도 더 바뀌니까요.

또 책 읽는 습관이나 모습은 아이의 내적 변화에 따라 자주 달라집니다. 그러니 독서 습관은 아이의 성장에 따라 그때그때 변화를 주어야 합니다.

그러니 부모님은 그 변화를 잘 관찰해두었다가 적절한 '읽기 넛지'만 제공해주세요. 넛지란 '팔꿈치로 슬쩍 찌르다', '주의를 환기하다'라는 뜻으로, 사람들의 선택을 유도하는 부드러운 개입을 뜻하는 용어예요. 여기에선 아이들이 책을 읽을 수 있게 부모가 가볍게 개입하는 것을 '읽기 넛지'라고 부르겠습니다. 이를테면 아이가 좋아하는 책을 사서 잘 보이는 곳에 슬쩍 올려둘 수도 있겠죠. 부모님이 읽은 흥미로운 책 내용을 이야기해주는 것도 강력한 읽기 넛지가 될 수 있고요. 또는 짧은 글 한 편을 매일 읽고 '그래도 내가 어제도 읽고 오늘도 읽어냈지'라는 작은 성취감을 쌓아가는 것도 필요합니다.

아이가 읽기에 부정적 태도를 보일 때면 '읽기 싫어하는 마음이 스멀스멀 올라오는 때가 됐네' 하고 작은 변화를 주면 됩니다. 아이에게 적합한 독서 습관을 그때그때 찾아가면 그만입니다.

만약 아이가 정해진 시간에 책을 잘 읽었다면, 성공을 거둔 것에 대한 칭찬도 필요합니다. "정말 즐겁게 읽는구나", "이렇게 집중해서 읽다니 멋있네", "어제보다 이만큼 더 똑똑해졌겠네",

"읽는 거 보니까, 앞으로 더 어려운 책도 척척 읽겠는데?" 같은 칭찬을 해주면 좋습니다. 아이가 스스로 자신의 읽기 능력에 대해 믿음을 쌓아갈 수 있도록 책 읽기 과정에서 성장한 아이의 모습을 아낌없이 칭찬해주세요.

다독보다 100배 강력한 '질문하며 읽기'의 힘

문해력과 관련해 부모님이 제일 당황스러울 때는 바로 '책을 많이 읽었는데 수학 문제도 이해하지 못한다'라는 사실을 깨닫는 순간입니다. 수학 문제 '이해' 못하는 너를 '이해'하고 싶지만, '이해'하려 들수록 더욱 '이해'할 수 없어 이상하게 화가 치미는 상황을 어느 날 불현듯 맞닥뜨리는 것을 막기 위한 읽기 방법을 알려드리려고 해요. 이것은 어른, 아이 할 것 없이 지켜야 할 가장 근본적인 읽기 방법입니다.

바로 '계속 질문하며 책을 읽는 습관'입니다. 아무 생각 없이 쓰인 내용을 그대로 받아들이며 빠르게 읽는 독서법은 독파한 책 권수는 늘려줄지 몰라도 독해력이나 문해력은 크게 키워주지 못합니다. 문해력의 핵심 중 하나는 '글을 읽고 얼마나 핵심적이고도 질 좋고 중요한 질문을 해낼 수 있느냐'입니다. 그런데 책을 읽으면서 질문해야 한다는 사실을 모르는 독자는 대부분 막무가내로 읽습니다. 이야기책은 스토리만 열심히 좇고 설명문이나 논설문, 기사 같은 비문학 글은 아무런 의심 없이 받아들이는 거죠. '아, 그렇구나' 하고 영혼 없이 고개를 끄덕이는 수동적인 읽기 태도로는 읽은 내용을 오래 기억하지도 못합니다. 바람에 깃털 날리듯 내용이 머리를 스치고 갔을 뿐이니까요.

그러므로 문해력을 키우기 위한 독서 습관에 필요한 질문은 '주인공이 학교에 몇 시에 갔어?'같이 글 속에 답이 쓰여 있는 질문이 아닙니다. '여기서 이 내용이 왜 나왔지? 이거 좀 이상한데' 같은 의문, '이거 내가 알던 것과 비슷한 건가? 어떻게 다르지?' 같은 배경지식 확장 질문, 또는 『빨간 머리 앤』을 읽고 '부모님이 두 분 다 안 계시면 어떤 마음일까?'같이 등장인물의 마음을 헤아려보는 질문입니다.

어른도 그렇지만 아이들은 더더욱 책을 읽을 때 아무 생각 없이 있는 그대로 읽고 끝날 때가 많습니다. 질문하며 읽는 습

> **책을 읽으며 떠올릴 수 있는
> 대표적인 질문 예시**
>
> - 이건 왜 그런 거지?
> - 이거랑 비슷한 것을 알았는데 그게 뭐였더라?
> - 내가 아는 것하고 다른데 왜 이렇게 썼지?
> - 갑자기 왜 이 내용이 나왔지?
> - 그래서 어떻게 하는 게 좋을까?
> - 이런 결론은 마음에 안 드는데 나라면 어떻게 했을까?

관을 들이려면 아이들에게 독서 중 질문거리를 만들어야 한다는 사실을 적절히 상기시켜주는 게 좋습니다. 책 읽기 전에 "오늘의 질문을 하나 만들면서 읽어보자!"라는 지침을 주는 식으로요.

물론 아이는 매번 똘똘한 질문을 찾진 못합니다. "질문할 거 없었는데?", "궁금한 거 없었는데?"라고 말할 때가 더 많을 거예요. 그래도 괜찮습니다. 의문을 발견해나가는 책 읽기를 해야 한다는 점을 알려주고, 질문을 생각해보려고 시도하는 습관을 들이는 게 목적이니까요. 질문하는 습관을 들인 아이들은 책을 읽으며 저자 또는 자신에게 끝없이 질문해나가고, 그에 대한 답을 찾아가게 됩니다. 이런 읽기 과정은 아무 생각 없이 읽을 때와 비교가 안 될 만큼 촘촘하고 입체적으로 이어지며 쉽게 흩어지거나 풀어지지 않습니다.

**질문하는 습관을 들인 아이들이
책 읽으며 자주 하는 말**

- 이거 이런 거 아니야?
- 이게 왜 이런 거야?
- 이거 전에 ○○에서 읽었어!
- 이건 조금 이상하게 쓴 것 같아.
- 나 이거 알아! 수업 시간에 들었어.

필요할 때 정확하게 꺼내 쓰는 힘이 진짜 어휘력입니다

　질문 하나로 출발해볼게요. 성적과 읽기 능력에 가장 중요한 역할을 하는 국어 능력이 무엇이라고 생각하시나요? 누군가 이런 질문을 던진다면 저는 한 치의 망설임도 없이 '어휘'라고 대답할 겁니다. 어휘는 배움을 위한 의사소통의 가장 기본적인 단위이기 때문입니다.

　그럼에도 어휘는 그동안 좀 억울한 처지였습니다. 사람들에게 독서계의 보조 출연자쯤으로 취급받았거든요. 글을 잘 이해하게 해주는 보조 수단이나 독해력을 위한 발판 정도로 말입니다. 사실 어휘는 문해력에 그 무엇보다 절대적인 영향을 미칩니다. 문장에 조용히 묻혀 있는 듯하지만 실제로는 막강한 힘을 휘두르죠. 모르는 단어 한두 개가 급브레이크를 밟아버리면 읽기는 순식간에 끼익 멈춰버리기도 하니까요.

게다가 어휘력은 성미가 다소 까탈스럽기도 합니다. 어휘력 격차는 생애 초기부터 벌어지기 시작하는데, 한번 벌어진 차이는 쉽사리 좁아지지 않습니다. 차곡차곡 쌓인 어휘력 부족은 학령기 학업의 근간을 뒤흔들기까지 하죠. 그러니 일단 급한 불부터 꺼야겠습니다. 아이들이 단단한 어휘력의 성을 쌓아 올릴 수 있도록 말이죠.

민준이와 주연이, 누구의 어휘력이 더 좋을까

초등학교 2학년 민준이는 책을 읽을 때마다 모르는 단어를 수시로 물어봅니다. 책을 읽는데 어째 눈보다 입이 더 바쁜 것 같아요. 한 단어를 물어보고 나서 돌아서면 또 다른 단어를 물어보거든요. "외면하다가 뭐죠?", "간당간당이 뭐예요?"

책을 읽으며 수시로 단어를 물어보는 민준이 같은 아이들을 보면 어휘력이 심각하게 부족한 건 아닌가, 걱정될 때가 있죠. 반면 같은 학년 주연이는 책을 술술 읽어 내려갑니다. 책을 읽는 내내 단어 뜻을 물어보는 법이 없어요. 직관적으로 생각해보면 주연이보다 민준이의 어휘력이 부족할 것 같습니다. 일단 단어 뜻을 계속 물어본다는 것은 모르는 단어가 많다는 뜻이고, 이는 곧 어휘력이 부족하다는 뜻으로 이해되기 때문이에요. 그렇다면 질문 없이 쭉 읽어 내려간 주연이는 어휘력이 좋다고 봐도 무방할까요?

사실 이 모습만으로 누구의 어휘력이 좋고, 나쁜지 판단하긴 어렵습니다. 민준이와 주연이는 둘 다 어휘력이 좋은 쪽에 속할 수도, 아닐 수도 있거든요. 민준이는 실제로 '알고 있는' 어휘량이 턱없이 부족해 읽는 족족 돌부리에 걸려 넘어지듯 고꾸라지는 것일 수도 있고, 맥락을 파악하며 읽지 못하는 것일 수도 있습니다. 앞 내용과 지금 읽는 내용을 연결하지 못하는 와중에 낯선 단어가 나오니, 단어 뜻 유추는 먼 나라 이야기가 돼버린 것이죠.

그러나 여기서 우리가 놓치면 안 되는 점은, 민준이는 어휘 민감도가 높아 '뾰족하게' 읽는 아이일 수도 있다는 것이에요. 뾰족하게 읽는다는 건 대충 짐작하고 얼렁뚱땅 읽으며 넘어가지 않는다는 뜻입니다. 아이나 어른이나 뭉툭하게 대충 읽어 내려가는 사람들은 생경한 단어가 나온 줄도 모르고 넘어가기 일쑤지만, 섬세하게 읽어 내려가는 독자는 어휘에 대한 관심도 크고 모르는 어휘도 잘 발견합니다. 민준이가 뾰족하고 섬세한 읽기를 하는 아이라면 어휘 민감도가 낮은 아이들에 비해 새로운 단어를 잘 발견해냈거나, 해당 어휘의 뜻을 대략 짐작했음에도 그 뜻을 더 명확히 알아보기 위해 확인차 질문했을 확률이 높습니다.

한편 주연이는 보유하고 있는 어휘력이 꽤 두둑한 아이일 수도 있고, 모르는 어휘가 한두 개씩 나와도 무리 없이 유추해내고 그에 대한 자신감도 있는 아이일 수 있어요. 그런데 의외로 주연이처럼 속도감 있게 읽으며 단어에 대한 질문을 거의 하지 않는 아이들 중에는 어휘력이 상당히 떨어지는 경우도 많습니다. 단어 뜻을 몰라 문장 의미를 파악하지 못해도, 앞에 나온 문장과 내용을 연결 짓지 못해도 이해하려는 노력 없이 한 부분을 아예 덩어리째 건너뛰어버리는 겁니다. 이렇게 수박 겉핥기처럼 책을 읽는 아이들은 이야기의 뼈대만 겨우 이해하거나, 이마저도 군데군데 엉뚱한 방향으로 해석할 때가 많습니다.

쓰기와 말하기에서 드러나는 어휘력의 민낯

이번에는 민준이와 주연이의 말하기와 쓰기는 어떤지 살펴보겠습니다. 민준이는 책 읽다 물어본 단어를 종종 사용해 말합니다. 이를테면 책을 읽으면서 '지적(知的)이다'라는 단어를 물어봤는데, 얼마 뒤에 "우리 반에서 ○○이가 제일 지적인 것 같아. 선생님이 들려주시는 이야기를 다 알아"라고 말하는 식으로 한번 써보는 거죠. 또 일기를 쓸 때도 '주말에 박물관에 갔다' 대신 '주말에 박물관을 방문했다'라고 써보고요.

한편 주연이는 자신이 겪은 일을 말할 때 '기억이 안 난다'라거나 '모르겠다'라고 답할 때가 많아요. 일기를 쓸 때도 '좋았다', '재미있었다', '갔다', '먹었다' 같은 모든 것을 집어삼키는 단순하고 빈번한 표현, 이른바 '포식자 단어'만 주로 씁니다.

자, 이런 상황에서 민준이와 주연이 중 어휘력이 더 좋은 아이는 누구일까요? 말하기와 쓰기도 함께 놓고 보면 어휘력 좋은 아이는 고민할 것도 없이 민준이겠죠. 민준이는 낯선 어휘를 민감하게 발견해 뜻을 확인했고, 더 나아가 기억해두었다가 써보기까지 하는 훌륭한 '어휘 사용자'인 겁니다. 민준이는 어휘력만 좋은 것이 아니라 문해력도 상위 집단에 속할 것으로 예측해볼 수 있어요. 새로운 단어를 학습하는 것은 물론, 이미 학습

된 단어를 자주 사용해보려는 시도는 높은 문해력과 밀접한 관련이 있거든요. 이처럼 어휘력은 읽기뿐만 아니라 말하기와 쓰기 영역까지 범위를 넓혀놓고 봐야 비로소 높고 낮음을 판단할 수 있습니다.

'둔탁한 읽기' 대신 '뾰족한 읽기'를

결국 어휘력은 단순히 '단어를 많이 아는 것', '책을 잘 읽으면 저절로 쌓아지는 것'이라고 단선적으로 평가할 수 없는 영역입니다. 다시 말해 어휘력은 보유한 어휘 수가 많은 것뿐만 아니라, 해당 어휘가 어떤 맥락과 상황에 적확하게 사용되는 말인지 세심하게 가려내고 사용하는 능력입니다.

우리는 일반적으로 책을 많이 읽으면 어휘력 문제가 발생하지 않을 것이라 믿습니다. 실제로 초등 저학년까지는 어휘력 부족이나 사용상의 문제가 크게 드러나지 않아 부모님들 사이에서 이런 믿음이 더욱 공고하게 자리 잡곤 하죠. 그런데 저학년이 읽는 책에 나오는 어휘는 대체로 일상생활과 맞닿아 있는 단어입니다. 설령 모르는 단어를 어물쩍 넘어가도 당장 큰 문제가 되지 않기 때문에 이 시기에는 어휘력이 부족해도 눈에 잘 띄지 않아요.

　문제는 신발 신고 발바닥을 긁는 것처럼 '둔탁한 읽기'를 계속하면, 읽는 데 아무리 많은 시간을 할애해도 얻는 게 별로 없다는 점입니다. 게다가 둔탁한 읽기에는 어휘를 선명하고 뚜렷하게 새기지 않고 지나가는 습관도 어김없이 함께하죠. 한 해 두 해 이렇게 시간을 보내다 어느덧 일상의 맥락을 벗어난 수준의 글을 접하는 4학년 이상이 되면 상황은 하루아침에 급격히 달라지고 맙니다. 뾰족하게 읽으며 모르는 어휘를 찾아내고 이를 기억했다가 써보는 과정을 거쳐 머릿속 어휘의 집을 탄탄하게 지은 아이와 그렇지 않은 아이의 어휘력 차이가 눈에 보이기 시작하거든요. 바로 이때부터 부모님들의 걱정과 불안이 시작됩니다. '책을 많이 읽었는데, 어휘력이 왜 이렇게 부족한 거지?'라는 의문과 함께 말입니다.

　오늘부터 아이가 읽고 말하고 쓰는 모습을 지켜보세요. 아이가 말하거나 글을 쓸 때 사용하는 어휘를 보고 '언제 이렇게 수준 높은 단어를 배웠지?'라는 생각이 드는지 아닌지 살펴보세요. 다시 강조하지만 어휘력은 단순히 단어를 많이 아는 것이 아닙니다. 진짜 어휘력은 필요한 순간에 적절하게 단어를 꺼내 쓰는 힘이라는 것, 또 아이의 사고력과 문해력을 결정짓는 핵심 축이라는 것을 기억해주세요.

어휘 민감도,
책만 읽어서는 길러지지 않아요

스무 살까지 익혀야 하는 단어는 4만 개

현행 교육과정상 고등학교를 졸업할 때까지 알아야 하는 어휘 수는 대략 4만 개입니다. '4만'이라는 숫자만 들어도 벌써 머릿속이 아득해집니다. 이걸 언제 다 기억하고 익히지, 싶죠.

어휘력을 늘리는 가장 일반적인 방법은 다독입니다. 책을 많이 읽다 보면 새로운 단어를 접하게 되고, 단어 뜻을 유추하고 이해해가는 과정에서 자연스럽게 어휘를 습득합니다. 문제는 앞서 언급한 4만이라는 어휘 개수예요. 독서를 통해 반복적으로 특정 단어를 접하고 자연스럽게 습득하는 과정만으로는 알아야 할 어휘를 모두 익히기란 현실적으로 불가능합니다. 이것이 바로 아이들에게 '의도적인' 어휘 학습이 필요한 이유입니다. 단계별로 어휘력을 늘리는 효과적인 접근법은 2~3장에서 구체적으로 이야기하기로 하고, 여기서는 나이나 시기와 관계없이 오늘부터 당장 시도할 수 있는 방법을 공유하려고 합니다.

어휘를 오래도록 저장하는 '기억 강화 전략'

어휘 학습에서 가장 중요한 건 일단 기억하는 겁니다. 머릿속 어휘 저장소에 안전하게 저장해둬야 언제든지 꺼내 쓸 수 있으니까요. 어떻게 하면 오래도록 머리에 저장할 수 있을까요? 이와 관련해 어휘 연구에서 대표적인 방법이라 불리는 '기억 강화 전략'을 알려드립니다.

먼저 아이들이 모르는 단어를 물어볼 때를 덥석 붙잡으세요. 이 순간은 단순히 단어 뜻을 알려주고 끝내기엔 너무 아까울 만큼 절호의 기회거든요. 아이가 단어를 물어보면 다음 질문을 던져보세요.

- 단어가 쓰인 문장이 뭐였어? 한번 읽어봐!
- 네 생각엔 이 단어가 무슨 뜻일 거 같아?

이렇게 단어의 뜻을 유추해보라고 제안하는 거예요. 단어 유추 능력은 연습해야 느는 책 읽기 습관 중 하나예요. 아이는 아마 대충은 들어맞는 대답을 할 겁니다. 아는데도 그냥 물어볼 때가 많거든요. 아이의 짐작이 맞았다면 설명이 아주 기가 막혔다고 칭찬하고 넘어가세요. 이 과정에서 아이들은 자신의 단어 뜻 유추력에 자신감을 얻게 됩니다.

자, 여기까지는 이상적인 모습입니다. 그런데 우리 아이가 하지 않으면 아무리 좋은 방법도 그림의 떡이 됩니다. 부모가 시키는 대로 잘 따라오는 아이도 있지만 대답하길 귀찮아하는 아이도 부지기수니까요. 그럴 때 '왜 우리 애는 대답을 못하지?' 하고 속상해하지 않아도 됩니다. 물어봤는데 아이가 답하지 않는다면 단어 뜻을 가볍게 알려주고 넘어가세요.

여기서 부모님이 해야 할 일은 아이가 물어본 단어를 메모장에 써두거나 기억해두는 겁니다. 그리고 그날 저녁 식사 시간이나 아이가 잠자리에 들기 전에 그 단어를 무심코 물어보세요. "아까 책 읽다가 엄마한테 물어본 단어가 뭐였는지 기억나?"라고요. 이 질문으로 아이가 오늘 새롭게 발견한 단어를 상기시키는 거죠. 이렇게 다시 한번 떠올려보는 것만으로도 어휘 퇴적층을 두껍게 쌓아갈 수 있어요. 이 질문을 시작으로 어휘 기억 강화에 도움이 되는 다음 질문을 이어가보세요.

어휘 기억 강화에 도움이 되는 질문 6

- 아까 책 읽다가 물어본 단어가 뭐였는지 기억나?
- 어떤 부분에서 나왔는지 기억나?
- 뜻이 뭐였게?
- 그 단어와 비슷한 단어 중에 알고 있는 거 있어? 그 단어와 반대되는 단어는 뭘까?
- 이 단어를 언제 써보면 좋을까?
- 이 단어로는 어떤 문장을 만들어볼 수 있을까?

물론 이 여섯 가지를 모두 묻고 답하면 좋겠지만, 한두 가지만 해도 무방합니다. 새로운 어휘를 떠올려보고 동의어나 유의어, 반의어도 생각해보고 어휘의 뜻을 설명하거나 적확한 맥락에서 사용하는 연습은 아이들의 어휘력 그물을 어마어마한 속도로 넓혀줄 거예요.

문해력이 학업 성취에 큰 영향을 미친다는 수많은 연구의 바탕에는 아이들이 어휘에 대한 지식을 얼마나 갖추고 있느냐 하는 질문이 항상 깔려 있습니다. 초창기 문해력 발달 시기에 이와 같은 어휘 저장 활동을 꾸준히 해나가면, 아이들은 단어 이면에 담긴 의미를 세심히 읽어낼 수 있게 됩니다. 어휘를 정교하게 사용해본 아이들이 쌓은 어휘 '감'은 문해력의 단단한 지지대가 되고요.

그러니 아이와 함께 어휘 민감도를 향상시킬 수 있는 활동을 부지런히 해보시길 바랍니다. 부모님과 함께 이 훈련을 꾸준히 해온 아이들은 어휘를 스스로 연습하고 키워나가는 방법을 터득할 수 있습니다.

> "교육을 받은 사람과 그렇지 않은 사람이 작성하는 문장에 차이가 있다면 그 중요한 차이는 바로 거기 동원될 어휘의 양과 관계있다."

서울대학교 국어교육학과 교수였던 고 김광해 선생님이 하신 이 말씀을 처음 듣던 날, 어쩐지 가슴이 덜컥 내려앉았던 기억이 납니다. 아이들이 교육받지 못한 사람으로 살아가게 하고 싶진 않다는 마음, 그러려면 아이들의 어휘력을 이렇게 내버려 둬선 안 된다는 생각이 들어서였어요.

어휘력은 읽기·듣기·쓰기 능력, 더 나아가 전체 언어능력과 밀접하게 맞닿아 있습니다. 언어능력의 특성상 어휘력, 독해력, 쓰기 능력은 각개전투를 벌이며 단독으로 힘을 키우지 않아요. 문해력과 어휘력, 독해력, 쓰기 능력은 모두 톱니바퀴처럼 연결되어 있어 어느 하나라도 시원찮게 움직이면 문해력이 제대로 구동하지 않거든요. 따라서 어휘력이 향상되면 신기하게도 언어능력이 전반적으로 향상됩니다.

어휘 세계가 앙상하고 옹색한 사람은 세계에 대한 이해 역시 빈곤합니다. 우리 아이들이 다양하고 풍성한 어휘로 생각과 감정을 뚜렷하게 알아차릴 수 있었으면 합니다. 더불어 알게 된 지식을 선명하게 설명할 줄 아는 기쁨, 공부의 즐거움도 느끼며 밀도 높은 삶을 살아갈 수 있었으면 좋겠습니다.

찬밥 신세인 '쓰기', 문해력 향상에 결정적인 이유

현우는 공부 잘하기로 유명한 아이였습니다. 틈만 나면 책을 꺼내 읽어서 동네 어머님들 사이에서 입소문이 자자했죠. 중학교 성적도 줄곧 상위권을 유지하던 현우는 자연스럽게 유명 자사고 진학을 준비했어요. 자사고 지원 원서를 넣기 직전, 어머니가 현우가 쓴 〈학업 계획서〉가 어떤지 읽어봐달라고 하시더라고요. 이미 첨삭은 받았으니 가볍게 한번 읽어봐달라는 말씀이었죠.

얼핏 본 글은 수준이 상당한 듯했어요. 글 중간중간에 현우가 읽은 수준 높은 인문 과학 도서가 포진해 있었고, 맞춤법 하나 틀리지 않은 매끈한 문장에는 어려운 어휘가 군데군데 들어가 있었습니다. '역시 잘 썼구나' 하고 첫 문장부터 꼼꼼히 읽어 내려갔죠. 그런데 글을 읽어갈수록 자꾸 고개가 갸우뚱해지는 겁니다. '이다음에 왜 이 말을 썼지?', '여기에 왜 이 책을 예로 들었지?', '소개한 책 내용과 말하려는 내용이 무슨 관계가 있지?' 같은 의문이 꼬리에 꼬리를 물고 이어졌어요. 뭘 잔뜩 쓰긴 했는데, 무슨 말을 하고 싶은지 읽을수록 미궁 속으로 빠지는 느낌이 들더군요.

현우의 글은 첫인상과 달리 논리적으로 빈 곳이 너무 많아 금방이라도 무너질 것 같았습니다. '대학생이나 읽을 법한 수준 높은 교양서를 많이 읽었어요'라는 것을 보여주기 위해 어떻게든 '있어 보이게' 아는 내용을 끼워 넣은 글이란 인상을 지우기 어려웠죠. 사실은 '내가 해본 생각'이 담기지 않은 글, 이 말 저 말 그저 일렬로 늘어세워둔 응집성 없는 글이었던 겁니다. 그러나 논리적인 구조를 다시 세워 글을 수정하기엔 너무 늦은 것 같았어요. 〈학업 계획서〉 때문이었는지 알 수는 없지만 안타깝게도 현우는 원하는 학교에 진학하지 못했습니다.

현우는 문해력이 좋은 아이였을까요? 〈학업 계획서〉를 봤을 때 현우의 문해력은 좋다고 판단하기 어렵습니다. 문해력은 ① 글을 읽고 이해하며 ②내가 알고 있는 바와 지금 읽고 있는 글의 내용을 연결해 해석하고 ③누군가를 설득하기 위해 아는 내용과 내 생각을 논리적으로 배열하고 배치하는 능력을 뜻합니다. 그러니까 문해력이라는 말은 수월하게 읽는 능력뿐만 아니라 생각의 배열과 배치라는 '표현'도 할 줄 아는 힘입니다. 현우의 경우 ①은 충분했을지 몰라도 ②와 ③이 부족했던 거예요.

그렇다면 현우에게 정말로 필요한 건 무엇이었을까요? 머릿속에 한가득 들어 있던 지식을 논리적으로 배열하고 배치하는 연습, 다시 말해 읽기와 더불어 '써보는 연습'이 필요했을 겁니다. 생각을 배열하고 배치하는 과정을 통해 '제대로' 성장한 문해력이야말로 어마어마한 동력이 되었을 테고요.

우리는 왜 쓰기를 등한시했을까

학계에서조차 읽기와 쓰기를 철저하게 분리된 개념으로 바라보던 때가 있었습니다. 당시에는 독서를 중시하며 쓰기를 등한시했죠. 아주 오래전 일인데도 우리는 아직 그 영향에서 완전히 벗어나지 못했습니다. 문해력의 모든 솔루션을 여전히 '책 읽기'에서만 찾을 때가 많으니까요. 지금도 어딜 가나 '흥미를 갖고 책을 읽어야 한다', '책을 많이 읽어야 한다'라는 말만 귀에 못이 박히도록 듣고 있어요. 그런데 아기가 걷기도 전부터 책장에 권장 도서를 가득 꽂아주고 열심히 읽어주는 요즘에도, 자라나는 아이들의 문해력에 대한 암울한 소식만 여기저기서 들릴 뿐입니다.

문해력 향상과 관련해 우리가 놓친 것이 바로 쓰기입니다. 쓰기는 읽기와 더불어 문해력을 구동하는 핵심 축입니다. 논리적으로 생각을 배열하는 글쓰기를 몇 번만 해봐도 신기할 만큼 아이들의 독해력이 늘 때가 있어요. 잘 쓰면 잘 읽게 되고, 또 제대로 생각하며 읽으면 제대로 쓰게 되는 선순환이 일어나거든요. 그러니 문해력을 쑥쑥 키우고 싶다면 쓰기를 반드시 함께 해나가야 합니다.

단순 연상 글쓰기,
문해력엔 별 도움이 되지 않아요

"저희 애는 어릴 때 글쓰기를 열심히 했거든요. 곧잘 썼고요. 그런데 왜 이렇게 문해력이 떨어질까요? 이제 글쓰기는 둘째

치고 문제 핵심도 파악하지 못하더라고요."

강연장에서 부모님들이 종종 하시는 질문입니다. 그럼 저는 자녀가 그간 어떤 글쓰기를 해왔는지 여쭤봅니다. 부모님들은 주로 '단순 연상 글쓰기'를 많이 했다고 말씀하시죠.

일반적으로 글쓰기의 일차적 목표는 완결된 하나의 문장을 쓰는 것입니다. 그다음 목표는 문장과 문장을 연결해 생각을 표현하는 것이고요. 이를 위해 단순한 기억을 물어보거나 기발하고 엉뚱한 질문에 연상되는 생각을 자유롭게 쓰는 글쓰기를 하는 것입니다.

초등 저학년 때 주로 하는 단순 연상 글쓰기는 머릿속에서 떠오르는 생각을 순서대로 종이에 옮기는 활동입니다. 여러 생각이 질서 정연하게 논리를 갖추어 '말이 되게' 펼쳐지면 다행인데, 아이들의 생각은 보통 뒤죽박죽 뒤엉킨 채 연필 끝에 마구 딸려 나오죠. 두서없이 생각을 늘어놓은 글은 문장과 문장 간 연결 고리가 매우 약하게 마련이고요.

이런 단순 연상 글쓰기는 '너도 한 문장 이상 쓸 수 있어', '글쓰기가 그렇게 어렵지만은 않아', '머릿속 생각을 백지에 꺼내놓는 게 쓰기의 시작이야' 같은 마음을 갖게 하는 데 도움이 되기 때문에 보통 저학년 때까지 권장합니다. 저학년 때까지만 권장하는 이유는 떠오르는 생각을 그대로 맥락 없이 풀어내는 글쓰기는 문해력 향상과는 별 상관이 없기 때문입니다. 문해력의 핵심은 '논리적 맥락'을 갖추었느냐 아니냐의 문제니까요.

따라서 무슨 말이든 한 문장이라도 쓰게 하려는 목적이 달성되었다면, '아무 말 대잔치'로 써 내려간 글에서 논리적으로 빈 곳을 차차 메워가는 과정을 거쳐야 합니다. 적어도 3학년부터는 일정한 구조를 갖춘 한 편의 글을 쓰는 연습을 시작해야 해요.

글쓰기를 많이 했는데도 문해력이 떨어진다는 아이들은 단순 연상 글쓰기에만 머물러 있었을 가능성이 큽니다. 글쓰기는 힘들고 재미가 없으니 '흥미'를 가지고 자유롭게 써야 그나마 한 문장이라도 쓴다고 생각하기 쉽지만, 중학년 이상 아이들은 무논리로 상상력을 풀어내는 데 그리 재미를 느끼지 못해요. 저학년도 의외로 높은 발달 단계의 쓰기 과제를 잘 수행할 수 있는 만큼, 단순 연상 글쓰기를 넘어선 쓰기가 반드시 필요합니다.

쓰기 문해력, 멋진 문장보다 '논리적 맥락'부터

놀이터에 나가보면 간혹 내복 차림으로 나와 노는 서너 살

된 어린아이들이 있습니다. 내복 차림으로 외출한 이 시기 유아를 보고 이상하다고 생각하는 사람은 없을 거예요. 하지만 학교에 입학해서도 내복 차림으로 오랜 시간 외출한다면 그건 좀 부끄러운 일이 되겠죠.

글쓰기도 비슷합니다. 이제 막 한글을 깨우친 아이가, 혹은 초등학교에 입학한 아이가 뭐라도 끼적인 글은 기특하기만 합니다. 내복 차림으로 아장아장 놀이터에 외출 나온 아기를 보면 귀여워서 마냥 입가에 미소가 지어지듯이요. 그런데 초등학교 중학년 이상의 아이가 남이 이해하건 말건 머릿속에 떠오르는 생각을 있는 그대로 펼쳐낸 글을 보면, 어쩐지 내복 차림으로 외출 나온 초등학생이 연상됩니다. 나이를 먹으면 내복 차림으로 외출할 수 없듯, 아이가 자라면서 쓰는 글도 글다운 모습을 갖춰야 합니다.

글다운 모습을 갖춘 글쓰기는 뭘까요? 갖춰 입은 옷과 같은 글쓰기는 '친구가, 부모님이, 선생님이 내가 쓴 경험 글을 읽었을 때 잘 이해할 수 있을까?', '어떻게 써야 내 생각을 잘 전달해서 다른 사람을 설득할 수 있을까?'를 생각하고 쓴 글입니다. 한마디로 '독자'를 생각하고 쓴 글이죠. 이런 글에는 나름의 흐름에 따라 내용을 적절히 배열하고 배치하려는 노력이 담겨 있게 마련입니다.

초등 1~2학년 무렵에는 언어 발달상 글을 쓸 때 독자를 고려하지 못하고 상당히 자기중심적인 글을 씁니다. '내 머릿속에 떠오르는 대로 쓴다'가 글쓰기에 대한 아이들의 보편적 태도입니다. 1학년 학생이 쓴 글을 볼게요.

> '딱지를 접어서 딱지를 쳤다. 딱지를 튼튼하게 접었다. 재미있었다. 그래서 딱지를 쓰레기통에 구겨서 넣었다.'

이 글을 읽으면 고개가 갸우뚱해집니다. 딱지를 접어서 딱지를 쳤고 재미있었다는 것까지는 이해가 되는데, 갑자기 왜 딱지를 구겨 쓰레기통에 넣어버렸는지 이해가 안 되죠.

아이가 이런 글을 썼을 때 '딱지를 치다 보니 너덜너덜해져서 갖다 버렸나 보군' 하고 대충 짐작해서 '그랬구나' 하고 넘어가는 대신, 다음과 같은 질문을 하면 글쓰기에 상당한 도움을 줄 수 있어요. 이를테면 "딱지치기를 어떻게 했길래 재미있었어?", "재미있었는데 갑자기 왜 딱지를 구겨서 버린 거야?" 같은 질문입니다. 아이는 자신이 어떤 과정에서 딱지를 버렸는지 누구보다 잘 알고 있습니다. 그러니 그 과정을 글에 썼는지 안 썼는지 아예 인지조차 못하고 있었거나, 자기가 쓰지 않아도 모두 알 거라고 생각했을 거예요. 이때 아이가 놓친 정보를 살짝 언급해주면 아이는 금방 깨닫습니다. '아, 나는 알고 있지만 다른 사람은 이해를 못할 수 있구나', '아, 이런 내용도 써야 하는구나' 하고요.

문해력을 키우기 위해 필요한 쓰기는 작가처럼 멋있는 문장을 써 내려가는 게 아닙니다. 중요한 것은 문장을 얼마나 '말이 되게' 펼쳐놓느냐예요. 다른 사람이 글을 읽었을 때 '아, 그래서 그랬구나'라고 이해할 수 있을 정도의 논리적 맥락만 갖추면 됩니다. 짧고 간단해서 보잘것없어 보이는 문장이어도 괜찮습니다. 명료하고 분명하게 논리적 맥락만 갖추고 있으면 됩니다. 가장 중요한 것은 '내 설명과 주장을 다른 사람이 이해할 수 있게 쓰는 것'이라는 목표를 아이들 머릿속에 심어주는 것입니다.

문해력은 논리적으로 사고하는 힘, 읽고 이해한 내용을 논리적 맥락을 바탕으로 배열하고 배치하는 힘입니다. 이때 논리가 농축돼 담긴 그릇이 바로 글이고요. 우리가 문해력을 논할 때 쓰기를 빼놓으면 안 되는 이유가 여기에 있습니다.

문해력 좋은 아이의 숨은 무기, '맥락 있는 말하기'

한번은 강연이 끝나고 이런 질문을 받은 적이 있습니다.

"저희 애가 말을 정말 잘해요. 어릴 때부터 어떻게 저렇게 말을 잘하냐는 칭찬을 많이 들어왔어요. 그런데 쓴 글을 보면 무슨 말인지 모를 만큼 엉망이에요. 말을 그대로 종이에 옮겨놓으면 그게 쓰기라고 하잖아요? 그런데 말하기는 잘하면서 쓰기는 왜 이렇게 못할까요?"

말하기와 쓰기는 둘 다 표현 영역에 속한다는 공통점이 있습니다. 말하기는 음성언어로 표현하고, 쓰기는 문자언어로 표현되죠. 그런데 '말을 잘한다'라는 평가에는 내용 외의 부차적 요소, 이를테면 발음, 목소리 크기, 표정이나 제스처 등이 영향을 미칠 때가 많아요. 말이 많은 편인 아이가 또랑또랑한 목소리로 자신감 있게 말하면, 보통은 내용과 관계없이 '말을 잘한다'라는 평가를 받기 쉽습니다. 일상적 발화에서 아이들이 상황에 맞지 않는 말을 한다고 해도, 갑자기 말하기 주제가 엉뚱한 곳으로 흘러간다고 해도 목소리나 태도 등 외적 요소가 '말하기'를 말끔하게 포장해줄 때가 많은 겁니다.

그런데 말을 잘한다는 건 뭘까요? 말을 잘한다는 것에는 ①얼마나 적확한 어휘를 써서 정확한 발음으로 말하는지, ②상황에 맞게 말을 하는지 ③문장과 문장을 연결해 적절한 내용의 말을 논리 정연하게 구성해내는 능력이 있는지가 포함되어야 합니다.

사람이 말을 배우고 구사하는 과정은 너무나도 당연한 일처럼 여겨지기 때문에 아이들의 언어 발달에 관련된 연구도 읽기나 쓰기에 집중돼 있어요. 적절한 어휘를 사용해 문장과 문장을 논리적으로 엮고 맥락에 맞는 이야기로 상대를 이해시키는 말하기 과정이 아이들의 언어능력에 상당한 영향을 미치는데도, 읽기와 쓰기에만 온통 관심이 몰려 있는 거죠.

말하기와 문해력, 무슨 관계가 있을까

유아기부터 맥락에 맞게 말할 줄 아는 아이는 언어 발달의 선순환 궤도에 올라타 훨씬 더 유리한 지점에서 출발하게 됩니다. 잘 이해하고 표현하니 기관에서 이루어지는 모든 학습활동을 재미있게 느끼고 더불어 학습 동기도 자연스럽게 높아지죠. 이때 높아진 학습 동기는 학령기 학업 성취로 이어지고요.

책을 많이 읽지 않았는데도 언어 영역 점수가 높게 나오거나 문해력 좋은 아이들이 종종 있죠? 이런 아이들을 가만히 보면 자신이 경험했거나 처한 상황, 그 일이 벌어진 이유에 대해 설명하고 전달하는 능력이 뛰어납니다. 어릴 때부터 내가 어떻게 말해야 상대가 잘 이해할 수 있는지 '논리적인 이야기 구조'를 생각하며 말해왔기 때문입니다. 실제로 말하기 능력이 읽기 능력과 밀접한 관계가 있음을 증명한 연구 결과도 다수 있습니다. 이들 연구에 따르면, 공식적인 읽기 교육을 시작할 때 저조한 말하기 능력을 보이는 아이들은 추후 읽기 이해에 어려움을 보였다고 합니다.

말을 잘하는 아이들은 타고날 것 같지만 그렇지 않습니다. 성향상 뭐든 조잘대고 싶어 하는 '말 많은' 아이들은 타고나지만, 말을 잘하는 아이는 양질의 언어적 환경에 둘러싸여 양육된 결과입니다. 즉 아이의 말하기 능력은 부모가 가정에서 어떤 언어적 환경과 자극을 제공했는지에 따라 달라지는 겁니다.

만약 아이가 말을 정말 잘하는 데 비해 글을 쓸 때는 무슨 말인지 모르겠다 싶을 정도로 맥락이 무너져 있다면, 아이가 일상적으로 하는 이야기를 귀 기울여 들어보세요. 자신감 넘쳐서 말하는 아이의 태도와 목소리에 맥락 없는 내용이 묻혀 있을지 모릅니다. 많은 부모님이 자신도 모르게 아이의 말을 짐작하고 추측해서 이해하고 넘어갈 때가 있어요. 아이가 무슨 말을 하려는 건지 분명치 않지만, '이러저러했다는 말이었겠지'라고 내용을 넘겨짚고 그냥 지나갈 때가 많거든요.

그런데 이게 반복되면 아이들도 맥락을 따지지 않고 이른바 무논리로 말하는 데 익숙해집니다. 애써 맥락을 따져가며 말하지 않아도 의사소통이 되는데 뭐 하러 노력을 들이겠어요? 물론 이런 아이들도 언젠가는 이런저런 사회적 관계를 통해 맥락을 갖춰 말하는 능력을 키워갈 거예요. 그러나 일찌감치 맥락 갖춘 말하기 능력을 견고히 쌓아 올린 아이들에 비해, 학령기에 얻는 언어능력의 복리 이자가 훨씬 낮을 확률이 높습니다.

듣고 말하기는 아이가 가장 먼저 접하고 키우는 언어능력입니다. 그러니 유아기부터 일상에서 아이가 하는 이야기를 잘 듣고 문장과 문장이 적절하게 연결되어 있는지, 아이 말에 맥락이 갖추어져 있는지 살펴봐주세요. 아이의 문해력은 물론 더 나아가 언어능력 전반을 키워주는 시작점이 됩니다.

국어 실력을 끌어올리는 '경험 말하기'

언어능력을 키워주기 위한 말하기는 의외로 평범하고 간단합니다. 아이들에게 가장 필요한 말하기는 '경험적 내러티브', 다시 말해 '경험 이야기하기'거든요. 우리는 매일 스스로에게든 타인에게든, 자신이 경험한 이야기를 들려주며 살아갑니다. 이 과정에서 감정도 표출하고 타인과 친밀감이나 공감대도 형성하게 되죠. 지독하게 서사적 존재인 인간은 경험을 나누지 않고는 살아갈 수 없는 존재입니다.

이러한 경험 말하기는 아이들의 인지와 언어 발달에 깊숙이 연관돼 있어요. 경험 말하기에는 자신이 경험한 일 중 상대방에게 알려줄 만한 일을 선택해 사건을 묘사하고 기승전결에 맞추어 이야기하는 과정이 모두 포함돼 있기 때문입니다. 경험한 일을 제대로 이해해서 다시 말해보는 것은 '이야기 구조 감각'을 어마어마하게 키워줍니다. 이야기 구조 감각은 아이들의 구어나 문어 발달을 이루며, 문해력의 밑바탕이 되는 맥락 구성에 대한 감각을 키워주고요.

경험 말하기는 유아나 학령기 아이들이 경험한 것을 구체적으로 설명하고 그때의 생각과 느낌을 표현하는 능력인 만큼, 부모가 어떤 언어적 지원을 하느냐가 이 능력의 발달에 매우 중요한 역할을 합니다. 그렇다면 어떤 지원을 해줘야 할까요?

무엇보다 아이들에게 경험 이야기를 할 기회를 충분히 제공하는 것이 중요합니다. 또 아이들의 이야기 중 빠진 맥락 정보(시간, 장소, 인물 등)를 다시 물어보는 게 좋습니다. 아이들의 말하기는 쓰기와 마찬가지로 상당히 자기중심적일 때가 많습니다. '지금, 이곳'과 다른 시간과 장소에서 벌어진 일을 설명할 때 상대에게 꼭 알려줘야 하는 정보를 자기 마음대로 빼먹고 이야기할 때가 수두룩합니다. 이럴 때는 이해가 안 되는 부분을 "어제?", "거기서 그걸 한 거야?"같이 부드럽게 다시 물어보는 게 좋아요. 이처럼 내용을 확인하는 질문을 아이에게 넌지시 던지면, '경험을 이야기할 때 이런 정보를 빼놓으면 상대가 이해하기 어렵다'라는 사실을 아이가 알아채고 맥락적 정보를 말에 포함하게 됩니다.

아이에게 언어적 자극을 주는
경험 말하기 질문의 예시

1. 경험 말하기 기회 제공하기

- 학교에서 오늘 어땠어?
- 오늘 학교에서 어떤 것을 배웠어?
- 수업 시간에 기억에 남는 일이 있었어?
- 현장학습은 어땠어?
- 친구 집에서 뭐 했어?
- (책을 읽거나 영화를 보고) 우리도 저거 해본 적 있잖아, 기억나?
- 너도 그런 적 있었어?

2. 아이의 이야기에서 빈 맥락 채워주기

- 어디서?
- 언제 그랬어?
- 누구하고 있었던 거야?
- 그리고?
- 또?
- 그다음에는 어떻게 됐는데?

> **3. 자신의 느낌을 표현하도록 유도하기**
> - 그거 보고 무슨 생각이 들었어?
> - 그런 경험을 하고 나니까 어떤 기분이 들었어?

이처럼 경험 이야기에서 무엇보다 중요한 것은 아이의 말하기에서 빈 맥락을 채우도록 하는 일입니다. 그래야 일어난 사건을 시간 순서대로 배열하고, 응집성 있는 구조로 조직해 말할 수 있고, 덩달아 언어능력도 향상되니까요.

이때 중요한 점은 심문하는 듯한 뉘앙스로 물으면 안 된다는 거예요. 꼬치꼬치 캐묻는 듯한 느낌을 받으면 아이들은 입을 꾹 다물어버립니다. 주눅이 들거나 설명하기 힘들어 포기해버리거나 부모에게 나쁜 평가를 받고 싶지 않아서 등 이유는 다양합니다. 그러니 빠진 정보를 물어볼 때는 부드럽고 다정한 말투를 사용해주세요. '네 말이 정말 재미있고, 다음 이야기가 궁금해서 이걸 물어보고 싶다'라는 마음을 전달하면서요.

경험에 대해 '기억이 안 난다'라거나 '잘 모르겠다'라고 일관하는 아이들도 있는데, 대답하지 않는다고 해서 집요하게 물어보는 것은 지양해야 합니다. 차라리 이런 아이들에게는 책을 읽은 뒤 등장인물이 처한 상황을 설명하게 하고, '내'가 아닌 '등장인물'의 마음을 헤아려 말하게 하는 것이 좋습니다. 타인의 생각을 대신 말하는 것은 자기 생각을 말하는 것보다 부담감이 적기 때문이에요.

한편 남자아이들은 여자아이들보다 간결하고 짧은 문장으로 표현하는 경향이 있습니다. 남자아이들에게는 구체적 묘사를 요구하기보다 사건을 순서대로 간결하게 이야기하도록 해보세요. 그러면서 사이사이에 느낀 점을 가볍게 말하고 넘어가게 하는 것도 효과적입니다.

취학 전,
이것이 궁금해요!

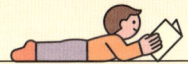

Q. 한글 학습지, 해야 할까요?

　한글 학습지를 할지 말지 고민하기 전에 고려해야 할 것이 있어요. 부모가 아이와 그림책도 많이 읽고 주변 인쇄물을 활용해 읽고 쓰고 이야기해보는 등 아이의 언어 발달을 적극적으로 돕고 있는지 점검하는 것입니다. 만약 일상생활에서 언어활동을 충분히 하고 있다면 한글 학습지는 가볍게 시도해도 좋습니다. 하지만 읽고 말하고 쓰는 과정이 활발하게 일어나지 않는 환경에서 한글 학습지만 기계적으로 풀게 한다면, 이는 아이의 문해력 발달에 오히려 독이 됩니다.
　오래전부터 전문가들은 어린아이를 책상에 오래 앉혀놓고

학습지 빈칸을 채워나가는 일은 문해력을 키워주기는커녕 아이의 발달을 심각하게 저해한다고 주장해왔어요. 한글 학습지로 한글 연습을 지나치게 강조하고 반복하면 너무 이른 나이에 좌절을 경험하게 되기도 하고요. 유아기에 형식적이고 반복적인 읽고 쓰기 연습을 많이 하면 할수록 초등 1학년 시기 읽기 유창성과 이해도가 오히려 더 떨어진다는 연구 결과도 다수입니다. 또 부모의 반복적이고 지시적인 한글 지도로 아이가 책을 싫어하게 되기도 합니다.

이맘때 아이들의 문해력 발달은 아이들에게 의미가 있을 때만 일어납니다. 다시 말해 학습지에 죽 늘어선 단어를 기계적으로 따라 써보는 형식적인 연습은 별 의미가 없다는 뜻입니다. 먹고 싶은 과자 봉지에 쓰인 글자를 읽어보고, 쇼핑 리스트에 과자 이름을 써보는 것처럼 자연스러운 맥락을 통해 실제적 문해 경험을 건강하게 쌓아나가도록 이끌어주세요.

Q. **책 읽어줄 때 돌아다니는 아이, 계속 읽어줘야 할까요?**

책을 읽어줄 때 듣고만 있으면 좀이 쑤셔서 가만히 앉아 있지 못하는 아이들이 있어요. 이런 아이라면 조금은 활동적인 책 읽기를 하는 게 좋습니다. 그림책에는 의성어와 의태어나 반복적인 표현이 자주 나옵니다. 그때마다 큰 소리로 따라 읽게 하는 겁니다. 웃긴 목소리로 따라 해보기도 하고, 의태어는 몸으로 흉내도 내보고요. 존 버닝햄이 쓴 『야, 우리 기차에서 내려!』를 보면 '야, 우리 기차에서 내려!'라는 문장이 반복적으로 나옵니다. 이 문장이 나올 때마다 노래처럼 만들어 불러도 좋고, 못마땅한 듯 팔짱을 끼고 말해도 재미있겠죠.

아이의 집중이 흐트러질 때 간단한 퀴즈를 내보는 것도 방법이에요. 진지하게 내용을 확인하는 질문을 하기보다 "잠깐! 아까 토끼가 썼던 모자는 무슨 색이었을까요?" 같은 장난스러운 질문입니다. 만약 아이가 맞혔다면 "오, 토끼 모자 색을 맞히다니 대단한데?" 하고 아이와 손바닥을 마주쳐보세요.

이런저런 방법을 다 동원했는데도 아이가 영 시큰둥해한다면, 과감히 다른 책을 골라 읽으면 됩니다. 선택한 책을 끝까지 읽지 않아도 괜찮아요. 읽어나가다 보면 아이가 관심을 가지고 집중하는 책이 있을 거예요. 아이가 흥미롭게 들은 책 내용이 어떤 것인지, 재미난 단어가 많이 등장했는지, 몸으로 표현할 만한 내용이 있었는지 등을 잘 살펴보세요. 그리고 다음번 책 선정에 참고하면 도움이 될 거예요.

Q. 일상에서 나누는 이야기가 문해력에
   도움이 된다는데, 솔직히 아이와 둘이 있으면
   무슨 이야기를 해야 할지 모르겠어요.

부산에 갔을 때의 일입니다. 지하철을 탔는데 제 옆에 대여섯 살 정도 보이는 아이와 엄마가 앉아 있었어요. 엄마와 아이의 대화가 너무 인상적이라 저도 모르게 귀를 기울였던 기억이 납니다.

엄마: 소율아, 저기 주황색 동그라미 안에 쓰인 글자 보여? 여기가 무슨 역이게?

아이: 음… 나는 잘 모르는데….

엄마: 명륜이야, 명륜역. 명륜, 한번 따라 해봐!

아이: 명륜! 명륜역!

엄마: 소율이 다음 역은 어딘지 알아?

아이: 아니요, 몰라요.

엄마: 자, 그럼 잘 들어봐. 조금 있다가 안내 방송이 나올 거거든? 듣고 무슨 역인지 알아맞혀봐.

아이: 동…내역?

엄마: 옳지! 잘 들었네! 동래역이야. 동래역에는 뭐가 있는지 알

아?

아이: ….

엄마: 할머니 댁이 동래역에 있어! 우리가 여기서 내리면 동래 할머니 댁에 갈 수 있어.

아이: 아, 동래 할머니 집! 나 할머니 집에 가고 싶어. 할머니 보고 싶어!

엄마: 그래? 우리 전에 할머니 댁에 갔을 때 뭐 했더라?

아이: 강아지랑 놀아서 재미있었어. 마트 갔을 때 할머니가 과자도 많이 사주고. 우리 언제 할머니 집에 또 가요?

엄마: 또 가자! 다음 주에 갈까? 엄마도 동래 할머니 댁에 가는 거 좋아.

아이: 엄마, 그런데 여기는 왜 분홍색이 칠해져 있어?

엄마: 응, 여기는 소율이처럼 어린이나 아기 있는 엄마들이 타는 곳이야. 약한 사람들을 보호하고 배려하려고 분홍색 칸을 만들었어. 소율이, 배려가 뭔지 알아?

아이의 언어능력을 키워주는 데 이보다 더 완벽한 대화가 있을까요? 엄마의 질문에는 아이 문해력을 향상시키는 모든 요소가 들어 있었어요. 일상생활 속 문자를 인식하고 따라 읽어보게 했고, 안내 방송을 들어보게도 했죠. 또 특정 장소에서 과거의 기억을 꺼내 이야기를 이끌어냈고, 아이의 질문에 대답하는 동시에 추상어인 '배려'의 의미도 자연스럽게 알려주었습니다.

아이와 특별히 할 말이 없다고요? 그럴 땐 아이와 함께 있는 순간, 눈앞을 스치는 광고, 거리의 간판, 역 이름에 쓰인 어휘를 활용해 아이와 이야기를 이어나가세요. 어휘를 가르쳐주기도 하고, 관련 경험을 꺼내기도 하면서 말이에요.

Q. 책 내용에서 계속 일탈하며 엉뚱한 이야기를 하는 아이, 어떻게 하면 좋을까요?

책 읽는 도중에 내용과 상관없는 엉뚱한 이야기를 꺼내는 아이들이 있어요. 이를테면 『괴물들이 사는 나라』를 한창 읽고 있는데, "나 오늘 민서랑 놀았는데"라든가 "동물원에 가고 싶다"라는 말을 하는 것이죠. 아이가 내용과 동떨어진 말을 할 때면 부모는 보통 아이 말을 못 들은 척하고 책을 계속 읽거나, "아니, 우리 여기 읽고 있잖아"라고 하면서 아이의 주의를 돌리려 애씁니다. 책에 집중하지 못하고 딴생각을 하는 것 같아서예요.

그런데 아이들의 엉뚱한 이야기는 읽고 있는 책에서 촉발된 경우가 많아요. 『괴물들이 사는 나라』 속 흥미진진한 모험 이야기를 듣다 보니, 낮에 친구들과 술래잡기하면서 잡힐까 조마조마했던 순간이 떠올랐을지도 모릅니다. 혹은 괴물들의 얼굴을 보니 동물원에서 본 무시무시한 사자와 호랑이가 연상됐을지도요.

그럴 땐 아이가 이끄는 대로 책을 읽게 하면 됩니다. 그림책을 읽다 말고 "나 오늘 민서랑 놀았는데"라고 뜬금없는 이야기를 시작하면 "오, 그래? 무슨 놀이를 했는데?"라고 물어보세요. 책에서 출발한 엉뚱한 이야기를 실컷 하고 나서 책으로 다시 돌아오면 됩니다. "우리가 아까 어디까지 읽었더라?", "참, 주인공이 괴물 나라 왕이 되었지!" 하면서요.

유아기 책 읽기의 가장 큰 목적 중 하나는 '독서는 즐겁고 재미있으며 행복한 순간'이라는 느낌을 마음속에 꾹꾹 눌러 담는 것입니다. 엉뚱한 생각은 엉뚱한 생각대로, 진지한 생각은 진지한 대로 충분히 펼쳐낼 수 있게 도와주세요.

Q. 물어봐도 대답하지 않거나 모른다고만 하는데 어떻게 해야 하죠?

모든 질문에 잘 모르겠다며 대답을 피한다면 아이의 마음에는 정답을 말해야 한다는 압박감, 틀리는 것에 대한 두려움이 자리 잡고 있을지 모릅니다. 그럴 땐 먼저 뻔히 답이 보이는 질문을 해보세요. "이 친구 이름이 뭐였더라?"라든지 아이가 '네, 아니요'로만 답할 수 있는 간단한 질문이요. 그때 아이가 대답하면 "그렇지, 바로 그거야!" 하면서 자신감을 북돋아주세요. 걱정 많은 이 아이들은 정답이 없는 질문에서 길을 잃을 때가 많습니다. 정답이 없는데도 자기 대답이 정답이 아닐까 봐 걱정돼서 말하지 못하는 거예요.

그럴 땐 부모님이 먼저 엉뚱한 대답을 해보기도 하고, "엄마 생각에는 말이야, 이런 거 같은데, 네 생각은 어때?"라고 물어봐주세요. 재미난 생각이 떠오르면 언제든 이야기하라고도 하고요. 어떤 대답이든 환영받을 수 있음을 알려주며 아이의 긴장을 풀어주세요.

Q. 똑같은 책을 계속 읽어줘도 괜찮을까요?

아이가 집에서 닳도록 읽은 책을 도서관에 가서도 읽어달라고 할 때가 종종 있어요. 이왕 도서관에 왔으니 집에 없는 새로운 책을 읽었으면 싶은데, 굳이 읽었던 책을 골라 오면 아쉬운 마음이 들죠. 아무래도 부모 입장에서는 아이가 다양한 책을 여럿 읽었으면 하는 바람이 있으니까요.

  그러나 다행히 같은 책을 여러 번 반복해 읽는 것은 술술 읽는 능력을 키우는 데 아주 좋은 방법입니다. 다시 읽을 때마다 전에 못 본 새로운 부분을 발견하고 무언가를 알게 되거든요. 이에 대해 소설가 알레그라 굿먼(Allegra Goodman)은 "주름 잡힌 직조물처럼 텍스트는 매번 다른 부분을 드러낸다"라고 말하기도 했어요. 그러니 똑같은 책을 읽고 또 읽어도 좋습니다. 아이가 원한다면 얼마든지 다시 읽어주세요.

PART 2

초등 저학년:
평생 가져갈 언어능력의
기초 다지기

언어 발달의 변곡점, 아홉 살

『아홉 살에 시작하는 똑똑한 초등신문』을 집필하고 나서 가장 많이 들었던 질문 중 하나가 왜 '아홉 살에 시작하는'이라는 제목을 붙였느냐는 것이었어요. '열한 살에 시작하면 안 되냐', '아홉 살은 너무 빠른 거 아니냐' 등의 질문과 함께 말이에요.

제가 책에 '아홉 살'이라는 나이를 언급한 건 딱 한 가지 이유 때문이었습니다. 언어 발달 연구에서 공통적으로 언급되는 시기가 바로 열 살 전후거든요. 이 나이대는 '언어 발달의 변곡점'이라 불리는 시기로, 문해력의 탄탄대로를 만들어 쭉쭉 뻗어 나가는 기반을 만드는 때입니다. 조금만 톡톡 건드려줘도 들인 노력보다 돌아오는 게 더 많은, 이른바 '문해력의 보너스' 같은 시기랄까요?

일단 이맘때 아이들은 입학과 동시에 커다란 언어 환경의 변화를 겪습니다. 듣고 말하기만 해도 잘 살아왔던 유아기의 구두 언어 환경에서 벗어나, 말과 문자를 복합적으로 사용하는 언어 환경으로 깊숙이 진입하기 때문이죠. 초등 1~2학년에 쌓는 초기 문해력은 학습에 필요한 '학문적 문해력'을 길러가는 동력으로 작용합니다.

조금 지루할 수 있지만, 문해력 청사진을 만드는 데 도움이 되는 이야기를 잠시 할까 해요. 일반적으로 아이들은 8~9세에 글자, 낱말, 문장, 한두 문단 쓰기를 중심으로 쓰기 발달에서 큰 변화를 보입니다. 초등 2학년부터는 '중심 내용 파악하기', '추론하기' 같은 독해력의 핵심 구성 요소가 본격적으로 발달하고요. 더불어 반의어, 유의어 같은 어휘력도 초등 2~3학년에 훌쩍 성장합니다.

그런데 안타깝게도 이 시기를 허투루 보고 지나치는 경우가 많아요. 한글을 읽을 줄 알고 몇 마디 쓸 줄 알게 되면, 부모님 입장에서는 마치 초기 문해력이 완성된 것처럼 생각해 별다른 신경을 쓰지 않게 되거든요. 사실 이맘때 아이들은 적당히 읽을 줄 아는 데다, 읽는 책 수준은 거기서 거기로 뻔하고 글쓰기 실력 또한 뛰어난 몇몇을 제외하고는 대부분 비슷하니 신경을 덜 쓰게 되는 거죠. 그러다 아이가 3~4학년으로 접어들 무렵에 고개를 갸우뚱하는 일이 벌어집니다. '으응? 이게 무슨 말인지 모르겠다고?', '이 문제가 이해가 안 돼? 너, 정말이니?' 하는 순간이죠.

그러니 티 안 나게 조용히 문해력이 커가는 아홉 살 전후 시기를 잘 보내야 합니다. 아이의 문해력 발달이 9~10세에 변곡점을 지나 우상향으로 뻗어나갈 수 있게끔 도와줘야겠죠. 물론 이때를 놓쳤다고 해서 반드시 문해력에 문제가 생긴다고 단정할 수 없습니다. 그럼에도 앞으로 펼쳐질 기나긴 여정을 순조롭게 밟아나가려면 아홉 살을 단단하게 채워야 한다는 것을 기억해주세요.

○○에서 배우는 어휘량은 책을 읽을 때의 10배

잠시 퀴즈를 내보겠습니다.

"아이가 ○○에서 배우는 어휘량은 책을 읽을 때의 10배다."

○○에 들어갈 두 글자는 뭘까요? 학교? 학원? 공원? 여행? 정답은 바로 식탁입니다. 어휘력 발달과 관련한 1988년 하버드대 연구에서 '아이가 식탁에서 배우는 어휘량은 책을 읽을

때 습득하는 것의 10배다'라는 연구 결과를 발표했죠. 이 연구는 책 읽기가 어휘력을 발달시키는 유일한 수단이 아니라는 것을 말해줍니다. 부모와 특별한 놀이를 하거나 식사하면서 나누는 대화가 책을 읽을 때보다 아이의 어휘력에 훨씬 더 긍정적이고 강한 영향력을 미친다는 겁니다. 식사 중 부모가 어떤 주제에 대해 아이에게 설명하고 서로 의견을 나누는 방식으로 대화를 한 가정의 아이들 어휘 습득력이 월등히 높게 나왔던 거죠. 부모가 아이에게 설명하며 했던 말 중에는 상당수 새로운 어휘가 포함돼 있었고, 아이들도 평소 대화를 나눌 때보다 식사를 할 때 더 다채로운 어휘를 사용한 것으로 나타났어요.

식사 중에 어려운 이야기를 꺼내보세요. "제주도 내수 소비 위축이 심각하다네" 같은 말요. 그럼 아이들은 대체 무슨 말을 하냐는 표정으로 물어볼 거예요. "그게 무슨 말이야?" 아마도 아이들은 '제주도에 심각한 일이 일어났다' 정도로만 이해했을 겁니다. 그때 '내수', '소비', '위축'이 무슨 뜻인지 자연스럽게 설명해보세요. 아이가 잘 이해하지 못해도 괜찮습니다. 지금 완전하게 이해하지 못해도 언젠가 비슷한 내용을 접했을 때 무릎을 '탁' 치는 순간이 오거든요. '아, 그때 그게 이건가 보다!' 하고 말이죠.

부모가 아이에게 해줄 수 있는 건 머릿속에 단어의 씨앗을 여기저기 뿌려주는 것입니다. 아홉 살쯤 되면 아이들은 세상일에 관심을 가지고, 어른들 대화에 자꾸 끼고 싶어 해요. 그 마음을 이용해 아이들에게 세상의 다양한 어휘 씨앗을 뿌려주세요. 한번 들은 어휘를 단번에 이해하고 사용할 순 없겠지만, 마음속에 뿌려진 어휘는 어떤 기회와 우연히 만나 언젠가 꽃망울을 틔우게 됩니다.

모르는 단어 때문에
책을 덮는 아이라면

몇 장 좀 읽는가 싶더니 어느새 책을 슬쩍 덮어버리고는 딴 짓하는 아이를 보면, 부모는 '얘가 책에 흥미가 없구나'라고 결론짓습니다. 그런데 책을 덮어버리는 이유 중 상당 부분은 '흥미'보다 '어휘' 때문이에요. 만약 아이가 자주 책을 읽다 만다면 모르는 단어가 너무 많은 건 아닌지 확인해보세요. 먼저 아이와 같이 읽으면서 모르는 단어에 동그라미로 표시해봅니다. 만약 한 페이지에 모르는 단어가 다섯 개 이상 나온다면 그 책은 아이에게 버거운 수준일 수 있습니다. 이럴 때는 조금 더 쉬운 책, 모르는 단어가 다섯 개 이하인 책을 골라 읽게 해보세요.

초등 저학년은 아직 어휘를 유추하는 힘이 다져지지 않았을 때입니다. 이럴 때 모르는 어휘가 너무 많이 나오는 책을 접하면 지레 겁먹고 뒷걸음질 치게 돼 있어요. 그러니 아이에게 인지적 부담을 주지 않는 선에서 새로운 어휘를 접하게 하는 것이 중요합니다. 아이가 모르는 단어를 물어보면 곧바로 가볍게 설명해주기도 하고, 때론 한두 번 유추할 기회를 주기도 해보세요. 아이가 유추하면서 '내가 짐작한 게 맞았네?', '이렇게 하면 되는 거네?', '할 만하네?'라는 생각을 하기 시작했나요? 그렇다면 아이는 다음 단계의 책을 큰 두려움 없이 읽어나가게 될 겁니다.

까다로운 추상어 학습, 이렇게 시작하세요

지금부터 '사과'를 머릿속에 떠올려보세요. 곧바로 둥글고 새빨간 사과 이미지가 눈앞에 그려질 거예요. 이번엔 '배려'라는 단어를 떠올려보세요. 어떤가요? '배려'는 '사과'만큼 구체적인 이미지가 곧바로 그려지지 않을 거예요. '사과'처럼 눈에 보이며 실체가 있는 것을 지칭하는 단어를 '구체어'라 하고, '배려'처럼 개념이나 사고와 관련된 것이어서 눈에 보이는 형태가 없는 어휘를 '추상어' 또는 '개념어'라고 합니다.

이 두 종류의 어휘 중 어느 쪽이 더 배우기 쉬울까요? 당연히 구체어겠죠. 구체어는 이미지가 바로바로 떠오르니 이해하기도 쉽고 기억하기도 편합니다. 반면 추상어는 구체어에 비해 개념을 이해하고 기억하는 데 더 많은 노력을 들여야 해요. 문제는 아이들의 학년이 높아지고, 배울 것이 많아질수록 익혀야 할 추상어가 늘어난다는 겁니다. 추상어를 얼마나 더 많이 이해하고 알고 있느냐가 아이들 학습의 성패를 좌지우지하곤 하죠.

초등학생이 알아두면 좋은 추상어 목록

저학년
경험 관계 관찰 구분 균형 까닭 문제 방법 배열 변화 비교 상상 상황 설명 순서 실천 양보 완성 예상 주의 특징 표현 행복 확인 활용

가치 게시 결과 구별 구분 관련 규칙 기준 바탕 배려 분류 부족 실망 실패 양심 어림 영향 예방 요청 원인 의문 이유 영역 조사 짐작 전시 탐구 피로 행동 협동

고학년
가정 갈등 감안 구조 규범 노동 논의 대립 명명 보존 분석 사고 성장 심취 양상 예측 의도 전략 정의 주장 증거 찬반 추론 추측 축소 탐구 토론 평가 한계 해결 혼잡 확대 형성 형태

추상어를 많이 알아두는 것은 분명 중요하지만, 그렇다고 해서 영어 단어처럼 무작정 외우라고 할 수는 없습니다. 재미도 없고 의미도 없는 방식이라 기억에 오래 남지 않으니까요. 그럼 추상어 공부는 어떻게 시작하면 좋을까요? 여기서는 시간 날 때마다, 저학년부터 고학년에 이르기까지 지속적으로 할 수 있는 추상어 공부법을 알려드리려고 합니다.

왼쪽에 제시된 추상어 목록은 초등 1학년 교과서부터 나오는 추상어를 난이도에 따라 분류해놓은 것입니다. 지금부터 소개하는 추상어 퀴즈, 빈칸 채우기, 어휘 마인드맵, 은유하기를 통해 제시된 추상어를 익히도록 지도해주세요.

온 가족이 함께 '추상어 알아맞히기'

추상어 리스트에 쓰인 단어 뜻을 알아맞히는 시간을 가져보세요. 가족 구성원 모두가 참여할 수 있게 "○○' 뜻이 뭔지 아는 사람 손?"이라고 물어보세요. 서로 먼저 대답하겠다고 손을 드는 경쟁적인 분위기도 조성하면서 단어 뜻을 설명해보라고 하면 아이가 더 적극적으로 참여할 겁니다. 단어 뜻을 설명할 때 몸짓으로 설명해도 좋고, 단어가 쓰이는 상황을 말로 설명해도 괜찮다

> '순서' 뜻이 뭔지 아는 사람, 손?

>> '순서'는 이것 다음에 저것을 차례대로 하는 걸 말해.

> '순서'를 활용해 문장 만들어볼 사람!

>> 우리는 급식실에 갈 때 번호 순서대로 줄을 서서 간다.

고 알려주세요. 아이가 모른다고 하면 뜻을 설명해주면 됩니다.

여기서 조금만 더 욕심을 부려보자면, 가족끼리 돌아가면서 해당 어휘가 들어간 문장 만들기를 해보는 것도 좋겠습니다. 문장 짓기만큼 훌륭한 어휘 연습도 없거든요.

생각보다 효과적인 '빈칸 채우기'

하찮아 보이지만 어휘력 수준에 관계없이 모두에게 효과적인 어휘 학습 방법이 있어요. 바로 '빈칸 채우기'입니다. 빈칸 채우기 연습을 할 때는 부모님이 문장을 만들어서 문제를 내면 됩니다. 예를 들어 아이들에게 "우리나라에서도 학교에서 스마트폰 사용을 금지할지 말지 어른들이 □□ 중이래. □□ 안에 들어갈 말이 뭘까?"라고 물어보는 거예요.

아이가 정답을 모른다면 부모님이 정답을 알려주고 뜻을 간단하게 설명해주면 됩니다. 만약 문제 내기가 막막하거나 까다롭게 느껴진다면 아이가 최근 읽은 책을 펼쳐봅니다. 책에 나온 문장 중 하나를 선택한 다음, 특정 단어만 비워두고 읽은 뒤 거기에 들어갈 단어를 알아맞히게 해보세요. 아이가 어려워하면 단어의 초성을 힌트로 알려주면 됩니다.

연관된 낱말을 한눈에 펼쳐보는 '어휘 마인드맵'

이번에는 품이 좀 더 많이 드는 어휘 연습법을 알려드릴게요. 바로 '어휘 마인드맵' 그리기입니다. 추상어 학습에는 연상되는 다른 어휘들을 펼쳐놓는 것이 큰 도움이 됩니다. '양심'으로 어휘 마인드맵을 그리는 방법은 다음과 같아요. 마인드맵을 그릴 때 아이에게 "'양심' 하면 떠오르는 게 뭐야?", "양심하고 비슷한 단어는 뭐야?", "양심하고 반대되는 말은 뭘까?" 같은 질문을 던져보

어휘 마인드맵, 이렇게 만들어보세요

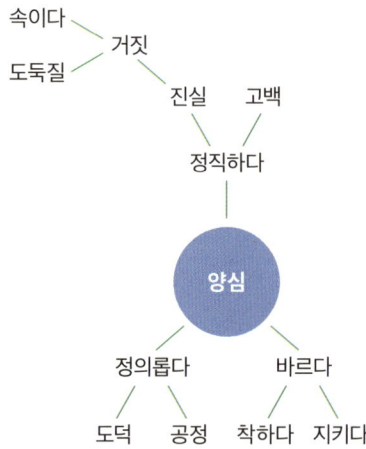

세요. 각 질문의 답에 해당하는 어휘를 떠올리는 과정에서 아이의 어휘력이 확장됩니다.

추상어 저장을 돕는 '은유적 표현 활용하기'

추상어를 기억하는 또 다른 훌륭한 연습법이 있어요. 추상어를 은유적으로 표현해보는 거죠. 이를테면 '마음은 파도다'처럼 말해보는 거죠. '사랑은 ___이다', '행복은 ___이다'의 빈칸에 어떤 은유적 표현을 쓸 수 있을지 물어보세요. '사랑은 자선냄비다', '행복은 초콜릿이다', '양보는 자리 내줌이다' 같이 대답해보면 됩니다.

추상어는 실제로 은유를 통해 머릿속에 저장됩니다. '양보'라는 추상어를 생각할 때 지하철에서 자리를 양보하는 모습이 떠오르는 것처럼요. 추상어를 구체 어휘와 연관 지어 은유적으로 표현해보면 학습에 큰 도움이 될 거예요.

우리 머릿속에는 낱말 창고가 있습니다. 이를 머릿속 사전이라고도 불러요. 여기에는 알고 있는 단어들이 담겨 있습니다. 그런데 이 단어들은 각자 방에 문을 콕 닫고 들어가 있는 게 아니라 그물망처럼 연결돼 있어요. 한 단어를 독립적, 개별적으로 이해한다기보다 여러 단어가 연결되어 있다는 뜻이죠. 머릿속 사전에 있는 낱말은 한두 번 들어본 것부터 하루에 서너 번 넘게 쓰는 어휘까지 다양합니다. 그리고 새로운 어휘가 머릿속에 들어오면 연결망 하나가 더 생기며 서로 촘촘하게 연결해나가죠. 이런 이유로 어휘를 설명하거나 마인드맵을 그려보게 하는 겁니다.

하나의 어휘를 안다는 것은, 저마다의 어휘가 품고 있는 우주를 새롭게 품는 것과 같습니다. 아이의 머릿속 사전이 정교하게 연결된 어휘의 망으로 견고하게 이어져 더 넓은 어휘의 세계로 향해 갈 수 있도록 도와주세요.

읽기를 싫어하는 예상 밖의 이유를 아시나요

초등학교에 입학하면 공식적인 읽기 교육이 시작됩니다. 그런데 이때부터 아이가 책을 안 읽으려고 한다면 어떨까요? 그간 부모가 읽어주는 그림책은 곧잘 들었는데 말이죠.

'책이 재미없나 보네.'
'재미있는 책을 찾아줘야겠다.'
'이 책은 다들 재미있게 읽는다는데 우리 애는 안 읽네.'

'이렇게 안 읽어도 되나? 뭐라도 읽혀야 할 거 같은데.'

'학습 만화는 읽네? 아무것도 안 읽는 것보단 낫겠지. 이거라도 읽히자.'

아마 부모님들 머릿속에는 이런 생각이 분주하게 오갈 거예요. 우리는 보통 한글을 떼고 나면 책 읽기에 큰 어려움이 없을 것이라 가정합니다. 이 때문에 아이들이 책을 안 읽는 이유를 주로 '흥미' 혹은 '독서 습관'에서 찾곤 해요. 그런데 정작 아이들이 책을 잘 안 읽으려는 이유는 '재미없어서'가 아니라 '읽기 어려워서'입니다. 읽기 어렵다는 것은 곧 '이해하지 못한다'는 말이죠. 한글도 다 아는데 어째서 이토록 책 내용을 이해하기 어려워할까요? 지금부터는 독해에 직접적으로 영향을 미치는 두 가지 요소를 살펴보고 해결책을 살펴보겠습니다.

이해를 가로막는 부정확한 낱말 인식

먼저 '낱말' 해독에 대해 살펴보겠습니다. 읽기 학습을 본격적으로 시작하는 아이들에게 낱말 해독 과정은 매우 중요해요.

선생님 옆에 의자가 있어요.

아이가 이 문장을 읽었다고 가정해볼게요. '의자가 있어요'에서 이 낱말이 앉는 '의자'를 말하는 건지, 병원에 있는 '의사'를 의미하는 건지 파악하는 데 한참 걸린다면 어떨까요? 한 문장 읽는 데도 상당한 에너지를 쓰겠죠. 몇 문장 안 읽어도 금세 기진맥진하니 책을 당장이라도 덮어버리고 싶을 거예요. 이러한 어려움을 겪는 아이들은 글을 읽을 때 정신적 에너지를 상당량 소비하게 되니 읽기 능력이 떨어질 수밖에 없습니다.

술술 읽어 내려가려면 낱말과 문장, 문단을 해독하고 여기에 의미를 부여해 이해하는 과정이 자연스럽게 이루어져야 해요. 이를 위해서는 우선 낱말을 정확하게 인식할 줄 알아야 합니다. 저학년 아이가 책 읽기를 꺼린다면 낱말을 얼마나 빠르게 찾는지부터 점검해볼 필요가 있습니다.

다음 장에 제시된 세 가지 방법 중 1과 2는 취학과 동시에 시도하면 좋은 낱말 인식 게임입니다. 게임을 통해 아이가 낱말을 얼마나 빨리 정확하게 인식하고 찾아내는지 알아볼 수 있어요. 더불어 초등 저학년 시기에 가정에서 받아쓰기를 자주 해보는 것도 큰 도움이 됩니다. 소리로 낱말이나 문장을 듣고, 이를 정확한 철자로 옮기는 받아쓰기는 저학년 아이들의 쓰기 능력을

낱말 인식 점검 방법

1. 책에 나오는 단어를 부모가 골라 읽은 뒤, 아이에게 그 단어가 어디에 있는지 찾아보게 한다.
2. 두 개의 비슷한 단어를 종이에 써두고 부모가 말하는 낱말의 정확한 철자를 고르게 한다. 예) 바다 vs 바닥
3. 저학년 때 받아쓰기를 자주 한다.

안정적으로 예측하는 핵심 기준으로 보고되기 때문입니다.

잘 들어야 잘 읽을 수 있어요

읽기 능력에 영향을 미치는 두 번째 요인은 '듣고 이해하는' 능력입니다. 듣기 능력과 읽기 능력이 대체 무슨 관계인지 좀 의아하실 겁니다. 흥미롭게도 듣기 능력이 읽기를 좌지우지한다는 결과를 내놓은 수많은 연구가 있어요.

일단 내용을 듣고 잘 이해하려면 ①어휘의 뜻을 알고 ②문장이

어떤 문법으로 쓰였는지 인지하고 ③이런 말 다음에는 저런 말이 나오리라 예측하고 ④특정 뉘앙스가 지닌 뜻을 이해하고 ⑤대화 내용과 관련한 배경지식을 알아야 합니다. 즉 듣고 이해하기가 안 된다는 말은 글을 총체적으로 능숙하게 소화하지 못한다는 뜻으로 해석할 수 있어요. 그러니 저조한 듣기 능력이 부진한 읽기 이해로 이어지는 겁니다.

한편 연구자들 사이에서는 말하기 능력도 읽기 능력에 도움을 준다고 보고됩니다. 듣고 이해해서 말로 산출하는 과정이 인지적 사고 과정을 자극하고, 이것이 읽기 및 쓰기에 파급효과를 불러일으키기 때문입니다.

그런 만큼 듣고 말하는 연습이 필요할 것 같습니다. 가장 이상적인 방법은 일상생활에서 양질의 풍부한 대화를 주고받는 것이겠죠. 그러나 아이의 언어능력을 높여보겠다고 일상 속 대화를 억지로 꾸며서 의식적으로 말할 순 없습니다. 그렇다면 다른 방법은 없을까요? 하루 10분만 시간을 내면 할 수 있는, 의도적이지만 효과적인 듣고 말하기 연습 방법을 알려드릴게요.

먼저 짧은 이야기나 설명 글을 아이에게 읽어주세요. 이때는 아이가 오롯이 '듣기'만 해야 합니다. 듣고 나서 아이에게 어떤 내용이었는지 물어보거나 OX 퀴즈처럼 질문을 해보세요.

두 번째 방법은 '글 없는 그림책'을 활용하는 것입니다. 먼저

읽기 이해를 돕는 '듣고 말하기 연습'

1. 짧은 이야기나 설명 글 읽어주기
2. 글 없는 그림책 활용하기

부모님이 이야기를 만들어 아이에게 들려주세요. 그런 다음 아이에게 들은 이야기를 기억나는 대로 다시 이야기해보라고 합니다. '듣고 다시 말하기 능력'은 읽기 능력과 상당한 연관이 있습니다. 읽기를 잘하는 아이는 듣고 다시 말할 때 훨씬 더 응집력 있는 이야기를 만들거든요. 아이가 다시 들려주는 이야기가 엉성할수록, 듣고 다시 말할 기회를 더 많이 주어야 합니다.

이 두 가지 방법을 통해 아이가 읽기에 어려움을 겪고 있는 건 아닌지 세심하게 살펴보세요. 성공적인 읽기 이해를 위해서는 어휘력, 문법 지식 및 이야기 구조 파악 능력, 이야기 산출 능력을 모두 적절히 갖추어야 합니다. 만약 이 중 부족한 부분이 있다면 앞서 알려드린 두 가지 방법으로 아이와 함께 차분히 훈련해보시기 바랍니다.

'독자 정체성'으로 숨은 읽기 능력 찾아내기

읽기에 대한 아이들의 태도가 부정적으로 변하기 시작하는 시기는 예상보다 빨리 찾아옵니다. 초등학교에 입학하면서 이런 모습을 보이는 경우도 많고, 대체로 남자아이가 여자아이보다 읽기에 더 부정적인 태도를 보이곤 합니다. 아이들의 태도를 논하기 전, 먼저 다음 질문을 보면서 읽기에 대한 부모님의 마음을 돌아볼 필요가 있습니다.

부모님을 위한 체크리스트

문항	네	아니요
나는 읽기를 좋아한다	☐	☐
나는 가치 있는 책을 읽는다	☐	☐
나는 책을 집중해서 읽고 내용을 잘 파악한다	☐	☐
나는 좋은 책을 선별할 줄 안다	☐	☐
나는 스스로 좋은 독자라고 생각한다	☐	☐

어떤 대답을 하셨나요? 세 문항 이상에 '네'라고 응답했다면 스스로를 괜찮은 독자로 생각한다고 볼 수 있습니다.

'독자 정체성'이라는 말이 있는데 자신을 어떤 독자로 인식하느냐에 대한 감각입니다. 예를 들어 나는 책 읽기를 좋아하는 독자인지 혹은 싫어하는 독자인지, 또는 능력 있는 독자인지 등을 스스로 판단하는 것이죠.

독자 정체성은 읽기와 쓰기에 대한 아이들의 태도, 선호, 행동을 좌우하고 읽기 능력에까지 영향을 미치는 요소입니다. 예를 들어 자신을 좋은 독자라고 생각하는 아이들은 자신 있게 글을 읽고, 이해한 내용이나 자기 생각을 거침없이 표현합니다. 반면 자신을 좋은 독자로 보지 않는 아이들은 읽기 자신감이 없는 것은 물론, 읽기 자체를 거부하기도 합니다.

아이들은 비교적 이른 시기에 가정이나 학교에서 가족과 친구, 선생님과 상호작용하면서 독자 정체성을 만들어갑니다. 아이의 독자 정체성을 긍정적으로 만들기 위해서는 일단 아이가 선호하는 책을 인정하고 지지하는 부모의 태도가 중요합니다. "이런 책을 좋아하는구나. 이것도 재미있겠다", "이런 책 많이 읽으면 나중에 이런저런 면에서 도움이 되겠는데?" 같은 반응을 보여야 한다는 것이죠. 그래야 아이들은 '나는 가치 있는 책을 잘 읽는 사람'이라는 독자 정체성을 확립하고 더 적극적인 태도로 책 읽기에 임합니다. 읽는 척한다거나 어떻게 해서든 읽기를 회피하려는 꼼수를 부리지 않게 되는 것입니다.

독자 정체성을 확립하기 위해서는 실제 읽기 기술도 뒷받침되어야 합니다. 읽기는 소리 내서 글자를 읽어내는 '해독 영역'과 글자를 의미로 전환해 '이해하는 영역'으로 이루어져 있어요. 해독과 이해의 영역은 서로 도움을 주고받으며 발달합니다. 소리 내서 잘 읽을수록 내용 이해가 정확하고, 반대로 글을 잘 이해하면 소리 내서 읽을 때 오류가 줄어드는 식이죠.

아이들이 글밥 많은 책을 순조롭게 읽어나가고, 읽기에 시큰

둔해지지 않게 하기 위해서는 책에 대한 긍정적 정서와 건강한 독자 정체성을 구축해야 합니다. 좋아하는 책을 소리 내서 읽고 이해할 수 있도록 아이의 읽기를 지지해주세요.

언제 어떤 책이든 잘 읽는 아이는 없습니다

슬프게도 이맘때부터 '나는 책을 잘 못 읽어', '나는 제대로 읽을 수 없어'라고 생각하며 책에 대한 부정적 정서를 쌓아가는 아이들이 있어요. 아이가 자신이 훌륭한 독자가 아니라고 생각한다면, 부모의 태도를 되돌아볼 필요가 있습니다.

부모가 아이의 독서 태도를 걱정하게 되는 커다란 이유 중 하나는 훌륭한 독자에 대한 편견 때문입니다. 우리는 유능한 독자란 어떤 순간에든, 어떤 책이든 '읽고 싶어 참을 수 없다!'라는 마음으로 푹 빠져 읽고 잘 이해하는 독자라고 오해하는 경우가 많아요.

결론부터 말씀드리면 세상에 그런 독자는 거의 없습니다. 어떤 상황에서든 잘 읽고, 읽고 싶어 하는 독자는 존재하지 않는다는 점을 기억해야 해요. 아무리 훌륭한 독자라고 해도 주제, 목적, 방법과 관계없이 잘 읽는 건 아니라는 의미예요. 글의 종류나 상황에 따라 읽기 능력이나 선호도는 얼마든지 바뀔 수 있다는 거죠.

이 말은 자녀가 어떤 책을 잘 읽지 않았다고 해서 '너는 책을 싫어하는 아이', '너는 책을 잘 읽지 않는 아이'라고 판단 내려선 안 된다는 겁니다. 부모가 내리는 자녀에 대한 무언의 판단은 아이에게 오롯이 전달됩니다. 부모의 섣부른 판단으로 아이가 자신을 '책 못 읽는 사람', '책을 싫어하는 사람'이라는 울타리에 가두어버리는 건 너무 안타까운 일이에요.

아무리 유능한 독자라도 세상 모든 책을 완벽히 이해하는 건 아닙니다. 항상 즐겁게 읽는 것도 아니고요. 이 점을 아이들에게 꼭 알려주시기 바랍니다. 모든 책을 잘 읽지 못한다고 해서 스스로 나쁜 독자라고 생각할 필요 없다고 말해주세요. 아이들에게는 '네가 이건 좀 어려워하지만, 그래도 다른 책은 잘 읽잖니'라는 따뜻한 응원의 말이 반드시 필요합니다.

독서 의욕 요리조리 자극하는 부모의 말

 이런 상상 해보신 적 있나요? 틈만 나면 책장에 꽂힌 책을 꺼내 읽는 아이, 책을 한번 펼쳐 들면 시간 가는 줄 모르고 읽는 아이가 내 아이였으면 좋겠다는 상상요. 그런데 대부분 이런 상상은 바람으로 끝날 뿐, 안타깝게도 현실에서는 커갈수록 몰입해서 책을 읽는 아이들은 점점 줄어듭니다.
 이런 환상 속 장면은 좀처럼 펼쳐지지 않기 때문에 부모는 '어떻게 하면 아이들에게 책을 많이 읽힐 수 있을까' 하고 늘 고

민합니다. 그리고 지금까지 이 고민을 해결하는 방법으로 가장 자주 등장한 건 '흥미'였어요. 부모님들은 '독서에 흥미를 갖게 해라', '좋아하는 책을 읽게 해라'라는 말을 지겹도록 들으셨을 겁니다. 마치 흥미만 붙잡으면 독서와 관련한 모든 고민이 사라질 것처럼요.

그런데 알려진 바와 달리, 아이들은 흥미만 있다고 해서 책을 꾸준히 읽는 건 아닙니다. 아이들을 독서로 이끄는 데는 흥미 외에도 다양한 내적 동기가 동시다발적으로 작용하기 때문이에요. 그렇다면 강력한 내적 동기에는 어떤 것들이 있는지 알아봐야겠습니다. 독서에 당최 흥미를 보이지 않는 아이들에게 어쩌면 한 줄기 빛이 될지도 모르니까요.

뭐든 읽을 수 있다는 강력한 내적 동기, 읽기 효능감

독서를 하게 만드는 대표적인 내적 동기로 읽기 효능감을 들 수 있어요. 읽기 효능감이란 읽기 능력에 대한 스스로의 믿음을 의미해요. 뭐든 읽을 수 있다는 효능감이 두둑하면 읽기로 진입하는 허들이 낮아지죠. 또 다른 내적 동기로는 읽기 활동이 중

내적 동기를 자극하는 부모의 말

1. 너는 어떤 책을 잘 읽는 것 같아?
2. 책 읽고 나서 뿌듯한 기분이 들 때는 언제야?
3. 새로운 것을 알게 된 것 같아? 어떤 마음이 들어?
4. 책을 많이 읽으면 어떤 점이 좋을 것 같아?
5. 다음에는 어떤 책에 도전할 수 있을까?
6. 읽기 실력이 이만큼이나 더 늘었겠네!

요하다는 인식, 다양한 지식을 습득하고 싶은 호기심, 어려운 글도 읽어보겠다는 도전 정신 등이 있어요. 이와 같은 내적 동기는 든든한 독서 지원군이 되어 아이를 앞에서 당기고 뒤에서 밀어줍니다.

위 표에 제시된 말을 활용해 책에 대한 자녀의 내적 동기를 일깨워주세요. 처음 보는 주제를 다룬 책을 보여주기도 하고, 긴 글을 읽으려는 시도를 격려해주기도 하면서 말입니다.

외적 동기, 잘만 활용하면 효과적이에요

저학년 아이들 읽기에는 내적 동기뿐만 아니라 외적 동기도 꽤 중요한 역할을 합니다. 대표적인 것이 칭찬, 경쟁, 인정 같은 보상인데, 이는 아이들을 독서로 이끄는 또 다른 동력이 됩니다. 장기적으로 볼 때 내적 동기를 형성하는 것이 가장 바람직하지만, 도무지 책을 읽으려고 하지 않는 아이들에게는 보상을 통한 외적 동기에서 출발하는 것도 나쁘지 않습니다. 인정이나 칭찬을 받기 위한 수단으로 책을 읽기 시작했어도 읽다 보니 자기도 모르게 책에 흥미가 붙기도 하고요. 이 과정에서 성장한 독해 능력은 읽기 효능감과 연결돼 아이들을 다시 책으로 인도합니다.

단, 여기서 반드시 기억해야 할 것이 있습니다. 외적 보상이 독서에 긍정적인 영향을 미치긴 하지만, 그렇다고 해서 '책 30분 읽었으니 스마트폰 30분 갖고 놀게 해주겠다'는 식으로는 접근하지 마세요. 이런 식의 보상이 이어지면 나중에 곤란한 상황을 겪을 수도 있거든요. 스마트폰이나 게임보다 아이들이 더 바라는 진짜 보상, 즉 부모의 관심과 애정 어린 인정을 고스란히 표현해주시기 바랍니다. 아이의 독서 태도나 읽기 능력, 어제보다 더 나아진 독서 습관을 아낌없이 칭찬해주세요. 부모가 어떻게 생각하고 바라보느냐에 따라 아이들의 독서 태도는 놀랄 만큼 달라집니다.

초등 저학년은 읽기 기술뿐만 아니라, 읽기 태도와 습관, 목적의식을 쌓아가는 시기예요. 재미나 흥미라는 동기에서 벗어나 더 넓은 시각으로, 다양한 읽기 동기가 서로 관련 맺으며 아이의 마음속에 자리 잡을 수 있게끔 도와줘야겠습니다.

너무 많은 선택지,
읽기 실력에 독이 됩니다

　어느 기업에서 있었던 강연이 끝날 무렵, 자녀의 문해력에 관해 질문하고 싶다며 조심스럽게 말을 꺼내신 분이 기억납니다. 그분의 오랜 고민은 이것이었습니다. 자녀의 책 읽는 습관을 잡아주기 위해 주말마다 도서관에 갔는데, 아이가 학습 만화만 골라 본다는 겁니다. 도서관에 다니기 전에는 한두 종류만 알았지만 이제는 온갖 학습 만화를 섭렵했고, 다른 책은 거들떠보지도 않는다고요. 게다가 내용은 엉뚱하게 이해한 채 웃긴 장면만 기억한다는 거였죠. 도서관에 다닌 게 오히려 독이 된 것 같다며 한숨을 쉬셨습니다.

흔히 도서관이나 서점에 자주 들러 아이에게 책을 고르게 하라고 합니다. 그렇게 하면 아이들이 흥미로운 책을 자발적으로 선택하고 책 읽는 재미에 푹 빠진다고들 말하죠. 그런데 이 말은 절반은 맞고 절반은 틀립니다. 서점에 가보면 아실 거예요. 어린이 도서 코너에는 마치 영상을 그대로 캡처해놓은 것 같은 책이 압도적 다수로 늘어서 있습니다. 여기서 아이들에게 읽고 싶은 책을 고르라고 하는 건, 마치 사탕과 젤리로 가득한 슈퍼에 가서 유혹을 뿌리치고 건강한 간식을 고르라고 하는 것과 같아요. 부모님은 아이가 사탕과 젤리 사이에 끼어 있는 '삶은 고구마' 같은 간식을 고르길 바라겠지만, 글쎄요, 아이들 눈에 삶은 고구마가 들어올까요?

책도 마찬가지입니다. 화려한 그림과 익살스러운 캐릭터를 앞세운 책들 사이에서 충실한 줄글 책은 조용히 뒤로 물러나 있습니다. 아이들의 시선을 끄는 건 학습 만화나 만화에 가까운 책일 수밖에 없어요. 초등 저학년 때는 양질의 책을 무조건 많이 접해보는 경험이 중요합니다. 좋은 책을 읽고 내용을 상상해보는 즐거움, 그 긍정적인 경험이 쌓여 아이들을 책과 가까워지게 합니다. 이 경험을 넉넉히 해본 아이들은 이런저런 이유로 책과 멀어진다고 해도, 결국 책과 다시 돈독해집니다.

그러니 아이들이 양질의 책을 충분히 접해 '책이란 이런 것'이라는 암묵적 기준이 마음속에 새겨지기 전까지는 지나치게 많은 선택지를 주지 마세요. 밥 먹을 때 아이가 원한다고 짜장면이나 사탕만 주지 않듯, 책을 고를 때도 부모의 적절한 개입은 필요합니다.

저학년 때까지는 책의 범주를 부모님이 정해주는 것도 괜찮습니다. 부모님이 도서관에서 책 대여섯 권을 빌려 온 후 그중에서 아이가 직접 고르게 하는 것이 대표적인 방법입니다. 안전한 경계선을 설정하고 그 속에서 아이의 선택을 존중하며 좋은 책을 읽는 맛과 즐거움을 느끼게 해주세요. 선택의 자유를 주는 것은 좋지만 선택지가 너무 많으면 아이는 갈 길을 잃고 맙니다. 양질의 책을 넉넉히 접하게 한 다음 스스로 책을 골라보게 해도 늦지 않아요. 읽기 밑동이 단단해지면, 좋은 책을 고르는 눈을 자연스럽게 갖추게 된다는 것을 반드시 기억해주세요.

학습 만화,
8~10세만큼은 피해야 합니다

학습 만화는 언제나 뜨거운 감자 같습니다. 누구는 읽어도 된다고 하고, 누구는 절대 읽으면 안 된다고 하니까요. 저는 그보다 먼저 무엇이 진짜 학습 만화인지 구별하는 게 중요하다고 봅니다. 요즘은 '가짜' 학습 만화가 정말 많거든요.

아시다시피 학습 만화는 낯선 분야의 지식을 처음 배울 때 느끼는 심리적 부담감을 줄여주기 위해 만든 책입니다. 익숙하지 않은 내용을 줄글만으로 읽기보다, 그림과 사진이 풍성하고 스토리가 있는 학습 만화를 통해 이해하는 편이 아무래도 훨씬 수월할 겁니다.

그런데 요즘은 학습 만화의 탈을 쓴 가짜 학습 만화가 넘쳐 납니다. 가짜 학습 만화란 캐릭터를 전면에 내세운 책을 말합니다. 가짜 학습 만화를 보면 이야기를 끌고 가는 핵심 요소가 지식이 아니라 캐릭터이고, 웃긴 장면을 강조하느라 맥락이 뚝뚝 끊기기 일쑤예요. 만약 아이가 읽고 나서 머릿속에 남는 게 캐릭터나 엉뚱한 장면뿐이라면 그건 가짜 학습 만화일 가능성이 큽니다. 가짜 학습 만화는 잠깐 즐겁게 해줄지는 몰라도 아이의 읽기 성장을 크게 방해합니다.

그럼 진짜 학습 만화라면 많이 읽어도 괜찮은 걸까요? 언제든 읽게 해도 될까요? 강연 때마다 학습 만화와 관련한 질문이 쏟아지는데, 특히 아이가 학습 만화에만 푹 빠져 있어 고민이라는 내용이 대다수입니다. 저는 그때마다 학습 만화를 읽는 것은 독서가 아니라는 점을 아이들에게 분명히 인식시켜야 한다고 조언합니다. 이와 함께 학습 만화만 읽는 아이들은 게임처럼 정해진 시간 동안만 읽도록 조절해야 한다고 말씀드리곤 합니다.

아이가 줄글을 조금은 편하게 느끼기 전까지, 즉 언어 발달의 변곡점인 8~10세 무렵까지는 학습 만화를 미뤄두는 편이 좋습니다. '아, 책 읽기가 그리 힘들지만은 않구나'라는 생각이 스며들기 전부터 학습 만화에 익숙해지면 줄글과 자연스럽게 친해질 수 없으니까요.

"누구는 학습 만화만 읽었는데도 국어 1등급이라던데요?"
"학습 만화를 즐겨 읽었는데 좋은 대학에 갔대요."

이렇게 반론하는 분도 종종 있습니다. 실제로 학습 만화만 읽어도 국어 능력이 좋은 아이들이 간혹 있긴 합니다. 그런 아이들은 어릴 때 양질의 언어 환경에 둘러싸여 탄탄한 일상적 문해력을 미리 쌓아두었거나, 일상에서 사물을 바라볼 때 원인과 결과 같은 논리적 연결을 시키지 않아도 따져 물을 확률이 높아요.

그러니 '카더라'식 소문에 '우리 아이도 그렇겠거니' 하고 마음을 놓기 전에, 잠깐 멈춰서 점검해보세요. '우리 아이는 그동안 집에서 양질의 언어 환경 아래, 일상적 문해력을 탄탄하게 쌓아왔는가?', '평소 아이의 말이나 생각에서 논리력이 느껴지는가?', '학습 만화만 고집하지 않고 줄글 책도 잘 읽는가?'를 먼저 고민해보시길 권합니다.

저는 누구든 안전한 길을 걸어가며 문해력을 쌓아가길 바랍니다. 희뿌연 소문과 희박한 경우에 기대 우리 아이들이 불확실한 실험대에 올라가지 않았으면 좋겠습니다.

읽은 내용을 머릿속에 묶어두는 효과 만점 밑줄 긋기

"이 책 무슨 내용이었어?"

"어, 음… 까먹었어."

방금 전 읽은 내용을 잊어버리는 것, 사실 이건 아이만 해본 경험은 아닐 겁니다. 어른도 책을 덮자마자 머릿속이 하얘지는 경우가 있으니까요. 뭘 읽었는지 아무리 떠올려보려고 해도, 머릿속엔 정리되지 않은 낙서처럼 뒤죽박죽 단어만 몇 개 둥둥 떠다닐 때 말이에요. 그런데 이건 머리가 나빠서 생긴 일이 아닙니다. 누구나 눈으로만 대충 읽으면 그런 일이 생깁니다. 읽은 내용을 머릿속에 잘 묶어둘 방법, 없을까요?

흔해빠진 것 같지만 막상 실천하는 사람은 거의 없는, 그러나 했을 때와 안 했을 때가 하늘과 땅 차이인 읽기 활동을 소개하겠습니다. 바로 '연필로 읽기', 즉 밑줄 긋기입니다. 연필 들고 읽기는 제대로 읽기의 출발선입니다. 연필을 쥐고 밑줄을 긋는 순간, 우리 뇌는 무의식적으로 지금 중요한 일을 하고 있다고 인식하게 됩니다. 그래서 쓱 읽을 때보다 훨씬 더 집중하게 되죠. 다 읽은 후 밑줄 그은 곳을 되돌아보는 것만으로도 훌륭한 읽기 되새김질이 되고요.

초등 1~2학년 때는 밑줄용 긴 인덱스를 구입해 가장 인상적이고 중요한 문장을 찾아 아이와 함께 붙여보세요. 스티커 붙이듯 재미 삼아 붙이면 됩니다. "이렇게 하면 다음에 중요한 내용을 빨리 찾을 수 있어서 좋아", "우리 둘 다 마음에 든 내용이니까 나중에 다시 읽어보자"라고 말하면서요.

본격적인 밑줄 긋기 활동은 3학년 때부터 시작합니다. 주요 문장에 밑줄을 긋고 모르는 단어나 헷갈리는 문구에 동그라미를 표시하게 하세요. 새롭게 알게 된 부분에는 '!' 표시를 해보게 해도 좋습니다. 이해가 안 되는 부분은 '?' 표시를 하게 하고요. 다 읽은 후, 아이가 표시한 내용을 보면서 왜 밑줄을 그었는지, 왜 '!'를 표시했는지, 동그라미 친 단어를 보고 어떤 뜻인지 같이 이야기해보세요.

이 과정은 깊이 읽기의 시작이자, 아이의 생각을 펼치는 데 큰 도움이 됩니다. 이때 주의할 점은 부모가 너무 깊이 개입해서 꼬치꼬치 캐물으면 안 된다는 거예요. 그럴싸한 대답을 못 내놓았다고 해도 걱정하지 마세요. 질문과 답을 한번 생각해본 것만으로도 아이들의 사고와 언어가 발달합니다. 당장 대답을 척척 내놓는 것보다 더 중요한 건 아이가 '생각하면서 읽는 습관'을 기르는 것입니다.

밑줄 치며 읽기는 짧은 글을 읽을 때 하면 더 효과적입니다. 이야기책을 한 권 읽으면서 페이지마다 밑줄을 긋거나 의문점을 표시하긴 아직 힘들거든요. 연필을 쥐고 읽는 것은 '나는 진짜 마음먹고 읽고 있어!'를 보여주는 행위예요. 아이가 밑줄을 긋고 읽고 난 후 자기 생각이나 느낌을 느낌표 혹은 물음표로 표시했다면 이렇게 칭찬해주세요. "이 문장에 느낌표를 쳤어? ○○이한테 특별하게 느껴졌구나!", "물음표를 쳐놨네? 궁금한 내용을 같이 찾아보자!", "와, 정말 제대로 읽었네! 우리 ○○이는 참 멋있는 독자야"라고 말입니다.

여섯 가지 질문으로 '깊이 읽기' 시작하기

미국의 유명한 저술가 모티머 J. 애들러(Mortimer J. Adler)와 찰스 밴 도렌(Charles Van Doren)은 전 세계 독자들 사이에서 '독서법의 정석'이라고 불리는 『생각을 넓혀주는 독서법』이라는 책에서 이런 말을 했어요. '깊이 읽기란 책을 엑스레이처럼 투시해 책에 숨어 있는 뼈대를 찾아내는 일이다'라고요. 엑스레이를 찍듯 책의 뼈대를 살펴본다는 비유가 참 신선합니다.

엑스레이를 찍듯 책 구석구석을 살펴보는 깊이 읽는 습관,

어떻게 들일 수 있을까요? 핵심은 질문입니다. '이런 질문을 하면서 책을 읽어야 된다'는 것을 넌지시 알려줘야 합니다. 질문하는 법을 배우지 못한 독자는 글자만 따라 읽습니다. '그렇구나' 하고 그저 받아들이는 독서는 머릿속에 자국을 깊이 남기지 못해요. 사방으로 생각을 펼쳐나가며 읽을 수 있도록 아이에게 오른쪽에 제시된 질문 중 한두 가지를 골라 물어보세요. 이 질문은 저학년부터 고학년까지 모두 적용할 수 있습니다.

단, 아이가 책을 덮자마자 기다렸다는 듯 물어보진 마세요. 일상에서 문득 생각난 것처럼 툭 던지는 편이 좋아요. "맞다, 어제 읽었던 책 기억나?"라거나 "그 작가님은 왜 그런 이야기를 쓴 것 같아?"라고 가볍고 느긋하게 물어봐주세요. 이때 아이가 제대로 대답하지 않아도 괜찮습니다. "이번 책에 대해서는 별로 할 말이 없나 보다. 다음에는 재미있게 이야기해줘!"라고 웃으며 넘기면 충분합니다.

질문 목적은 얼마나 잘 읽었는지 점검하는 것이 아닙니다. 부모님이 평가하기 위해 묻는다고 느끼는 순간, 아이는 대답을 회피할 거예요. 질문의 진짜 목적은 책을 읽을 때 '질문하고 생각하며 읽는 습관'을 길러주는 것입니다. 이 같은 질문을 여러 번 받아본 아이는 책을 읽으면서 저절로 생각하게 됩니다. '이건 왜 그런 거지?', '주인공은 대체 왜 이러는 거지?' 하고요.

질문으로 깊이 읽기를 시작하는 여섯 가지 방법

1. 책 전체 내용을 파악하는 질문
   - 이 책 제목은 왜 '_____'야?
   - 이 책의 주제는 무엇일 것 같아?
   - 이 책은 무슨 이야기야?

2. 핵심 세부 사항을 짚는 질문
   - 이 책에서 제일 중요한 사건은 뭐야?
   - 어떻게 해결됐어?
   - 주인공은 대체 왜 그런 행동을 했을까?

3. 어휘 탐색 질문
   - 네 생각에 여기서 제일 멋있는/재미있는 단어는 뭐야?
   - 이 단어는 어떤 뜻일 거 같아?

4. 작가의 의도를 묻는 질문
   - 작가는 왜 이런 글을 썼을까?

- 작가는 우리를 즐겁게 하려고 이 책을 썼을까?
- 작가는 정보를 주려고 이 책을 쓴 걸까?
- 작가는 뭘 주장하려고 쓴 걸까?

5. 인물을 추론하는 질문

- 이 장면에서 주인공은 뭘 느꼈을 것 같아?
- 이 사람이 이런 행동을 한 것은 어떤 의미일까?

6. 의견/주장/텍스트를 연결하는 질문

- 네 생각엔 이 결말이 어때?
- 네 생각에 ○○은 좋은 친구였을 것 같아?
- 전에 읽은 책 중에서 이 글과 비슷한 게 있었어?
- 읽으면서 좀 이상하다고 생각되는 게 있었어?

질문하며 깊이 읽을 때 얻을 수 있는 또 다른 큰 선물은 지적 인내심입니다. 읽어나가기 다소 어려워도 질문을 동아줄 삼아 인내심을 갖고 읽어가다 보면, '아, 그거구나!' 하고 머릿속에 번쩍 불이 켜질 때가 있어요. 그 불빛은 다름 아닌 강렬한 지적 쾌감입니다. 애서가들이 틈만 나면 책을 펼치는 이유는 바로 이 즐거움을 다시 느끼고 싶어서입니다. 지적 인내심을 가진다는 건, 아이가 앞으로 배움의 기쁨을 발견할 수 있는 날개를 갖는 일이에요. 좁은 날개 속에 아이가 갇히지 않도록, 날개를 활짝 펴고 훨훨 날 수 있도록 질문하는 법을 가르쳐주세요.

지나친 독후 활동이
아이를 지치게 만듭니다

흔히 독후 활동이라는 이름으로 책을 읽은 후 다양한 활동을 합니다. 책을 제대로 읽었는지 확인하기 위해서, 읽은 책 내용을 확장하기 위해서죠. 그런데 지나친 독후 활동이 도리어 아이들의 독서를 멈추게 한다는 사실을 아시나요? 읽기 자체를 싫어하지는 않지만, 독후 활동이 부담스러워 아예 안 읽겠다는 아이들이 수두룩합니다.

독후 활동은 아이의 반응에 따라 달리해야 합니다. 자기 생각이나 느낌을 표현하고 싶어 하는 아이가 있는 반면, 그저 조용히 책만 읽고 싶어 하는 아이도 있으니까요. 그러므로 아이가 독후 활동을 버거워하면 읽기에만 집중할 수 있게 해야 합니다. 또 독후 활동을 곧잘 하던 아이라도 더 덧붙일 말이 없는 것 같으면 "한 줄이라도 더 써봐"라는 말 대신 그냥 넘어가세요.

특히 책을 읽은 후 느낌이나 뒷이야기를 상상해서 쓰는 의무적인 독후 활동은 아이들을 읽기에서 등을 돌리게 만들기 쉽습니다. 아이가 힘들어한다면 가볍게 한두 줄로 생각을 써보거나 말로 표현해보는 것으로 대체하는 게 좋겠습니다.

여덟 살에 시작하는
한 문장의 위력

다음은 초등학교 3학년 유진이의 글입니다.

나는 거북이를 키운다. 그런데 거북이가 너무 귀엽다. 언니가 키운다고 해서 슬쩍 봤는데 너무 귀엽다. 넷째다. 이름은 미니. 6개월 정도 됐다. 키우는 방법은 통에 신문지를 깔고 물을 주고 사료를 먹일 수 있다. 거북이 때문에 처음으로 5만 원을 모았다!

유진이의 글은 연상되는 단순한 생각을 떠오르는 대로 가감 없이 펼쳐놓은 것입니다. 자기가 거북이를 키운다고 하더니 언니가 키운다고 해서 슬쩍 봤다는 말은 무슨 뜻인지, 넷째는 누굴 지칭하는 건지, 거북이 때문에 5만 원을 모았다는 건 어떤 맥락에서 나온 말인지 도무지 이해하기 어렵습니다. 아마 유진이의 머릿속에는 어수선한 생각이 메뚜기처럼 여기저기서 튀어오르고 있었을 거예요. 유진이는 높은 확률로 읽기에도 어려움을 겪고 있을 겁니다. 학년이 높아질수록 '말이 되게' 문장과 문장을 연결할 줄 아는 아이가 더 잘 읽게 마련이거든요.

글쓰기는 내 생각과 지식을 재료 삼아 '말이 되게' 내용을 배열하고 배치하는 과정입니다. '말이 된다'라는 것은 문장 간 논리적 흐름이 자연스럽다는 뜻이고, 글쓰기는 이러한 논리를 연습할 수 있는 가장 좋은 방법입니다. 문해력을 키우기 위해서는 문장을 논리적으로 배열하는 쓰기 연습이 꼭 필요합니다. 문장이 말이 되게 써보는 훈련은 남의 글을 읽을 때도 생각의 흐름을 구조화하는 힘으로 이어집니다. 그렇다면 글쓰기를 어떻게 시작하면 좋을까요? 여기서는 저학년 때부터 차근차근 해나갈 수 있는 쓰기 연습 방법을 알아보겠습니다.

초등 1~2학년 때 반드시 필요한
문장 쓰기 연습

"글쓰기에서 가장 중요한 것은 무엇일까요?"

이 질문에 아마 대다수는 이렇게 답하지 않을까 싶어요. 주제가 잘 드러난 글, 내용이 일관된 글, 주장이 논리적으로 나타나는 글이라고요. 모두 정답입니다. 하지만 내용에만 치중해 좋은 글을 판단하다 보니, 정작 글쓰기의 기본 중의 기본인 문장 쓰기는 자주 외면받습니다.

그런데 문장은 이렇게 만만하게 여겨지면 안 되는 존재입니다. 우리는 문장을 구사하지 않고는 자기 생각을 한 톨도 전달할 수 없어요. 일상적으로 하는 모든 생각은 문장에서 출발하니까요. 누군가 "기차"라고만 말했다면 그 사람의 의도나 생각을 알아챌 수 없습니다. "한 시간 뒤에 기차 타러 갈 거야"같이 문장으로 나타낸 다음에야 그 사람의 생각을 온전히 알 수 있죠. 문장으로 표현했다고 해도 이해가 안 될 때가 많아요. 가끔 아이가 학교 다녀와서 하는 이야기가 무슨 말인지 잘 이해되지 않을 때가 있잖아요? "두 명이 갔는데, 아픈 애들도 많았어" 같은 식의 이야기요. 이처럼 문장에 필요한 요소가 빠지면, 상대가 무슨 말을 하는지 도통 알 수 없습니다.

따라서 논리적인 글을 쓰기 위해서는 문장 쓰기를 연습해야 합니다. 문장 쓰기는 문해력의 기초를 다져가는 초등 1~2학년 때부터 시작해야 합니다. 특히 2학년은 쓰기 발달에서 매우 중요한 시기예요. 2학년이 되면 생각을 단순히 늘어놓는 글쓰기에서 벗어나 표기법도 신경 쓰고, 문법적 요소도 첨가하며 꽤 그럴싸한 글을 써나가는 시기거든요. 2학년부터 글쓰기에 슬슬 시동을 걸다가 3~4학년이 되면 점프하듯 쓰기 능력이 크게 늘어요. 이때 '쓰포자'가 되지 않으려면 초등학교에 입학한 후부터 문장 쓰기를 온전하게 연습시켜야 합니다.

다음 장에 제시된 표는 저학년 때 연습하면 좋을 문장 쓰기 연습의 예시입니다. '이런 연습까지 해야 하나?'라고 생각하실 수도 있어요. 언어학자 노엄 촘스키의 말처럼 모국어 화자라면 자연스럽게 모국어 문법에 직관력을 갖추고 있다고 하니까요. 하지만 이는 이상적인 화자를 대상으로 한 말일 뿐, 이해와 표현은 서로 다른 차원의 영역입니다. 알고 있다고 해도 잘 쓴다는 보장은 없습니다. 중학생이 되어도 연습하지 않으면 비문이 줄어들지 않거든요.

표에 제시된 ①번 문장을 연습해볼게요. '할머니'를 시작으로 아이가 문장을 만들어보게 하세요. 만약 '할머니가 주말에 와서 같이 저녁을 먹으러 갔다'처럼 썼다면 높임법을 잘못 쓴 것이니

저학년에 할 수 있는 문장 쓰기 연습 예시

① 높임법 제대로 쓰기

할아버지, 할머니, 아빠, 엄마 등 높임법을 써야 할 대상을 주어로 문장 만들어보기

예) 할머니 _____

　→ 할머니께서 주말에 오셔서 같이 저녁을 먹으러 갔다.

② 시제 바로 쓰기

과거, 현재, 미래 시제 등 시간을 나타내는 표현을 사용해 문장 만들어보기

예) 지난주 _____

　→ 지난주에 가족과 함께 제주도에 갔다 왔다.

③ 적당한 말 넣어 문장 완성하기

빈칸에 들어갈 적당한 말을 찾아 써보는 연습

예) (　　　) 바람이 불었다. → 시원한 바람이 불었다.

예) (　　　) 눈이 내렸다. → 새하얀 눈이 내렸다.

예) 동생은 (　　　) 마셨다. → 동생은 우유를 억지로 마셨다.

> ④ 다음에 이어질 내용 쓰고 문장 완성하기
>
> 여름에는 비가 많이 오지만, _____
>
> 날씨가 추워서 _____
>
> 머리가 아프니까 _____

'할머니께서 주말에 오셔서 같이 저녁을 먹으러 갔다'로 고쳐야겠죠. ②번 문장 만들기의 경우, 아이가 '지난주에 가족과 함께 제주도에 간다'라고 썼다면 시제를 잘못 쓴 것이고요.

저학년 아이들은 자기중심적으로 생각하기 때문에 높임법이나 시제를 틀릴 때가 많습니다. 연결어미와 어울리지 않는 문장을 써놓기도 하고요. 그러니 저학년 때부터 문장 쓰기 연습을 통해 쓰기 규범을 익히도록 도와주세요. 문장 쓰기 연습은 '여기에 이런 문법과 표현을 써야 의미가 명료하게 전달되고 자연스럽게 어울린다'라는 통사적 감각을 자신도 모르는 사이에 키워주기 때문입니다. 이와 함께 아이가 문장을 변형해 써보게 해주세요. 문장 쓰기 능력을 갖춘 다음에야 진짜 쓰기 능력이 자라날 수 있습니다.

단순 연상 글쓰기에서
벗어나야 하는 이유

이번에는 글쓰기에 대한 부모님의 생각부터 점검해보겠습니다. 옆 페이지 항목을 읽고 몇 가지에 해당하는지 살펴보세요. 만약 네 개 이상에 해당한다면 스스로 글쓰기를 부담스럽게 여긴다고 판단할 수 있습니다. 글쓰기에 대한 어른들의 심리적 태도는 아이들의 글쓰기에 영향을 미칩니다. 교사나 부모가 글쓰기는 어렵고 지루한 것으로 인식할수록, '너도 그렇겠지'라고 넘겨짚고 아이들에게 무의식적으로 단순 연상 글쓰기를 계속

나는 글쓰기를 어떻게 생각하고 있을까

나는 글쓰기를 매우 어렵고 복잡한 것이라고 생각한다	☐
나에게 글쓰기는 재미없는 일이다	☐
사람들은 대부분 글쓰기를 어려워할 것이다	☐
사람들은 대부분 글쓰기를 재미없어할 것이다	☐
글쓰기에 재능이 있어야 잘 쓴다	☐
나는 글쓰기를 못한다	☐

제안하거든요. 단순 연상 글쓰기란 머릿속에 떠오르는 생각을 순서대로 그냥 적는 방식을 말합니다. 각 내용의 연결이나 논리는 별로 고려하지 않는 글쓰기죠.

단순 연상 글쓰기의 주제는 대략 '치킨이 좋아, 떡볶이가 좋아?', '내가 강아지가 되었다면?'과 같은 가벼운 것들이 많습니다. 논리적인 사고를 바탕으로 말이 되게 글을 쓰기보다 생각을 자유롭게 펼쳐놓는 이 같은 쓰기가 아이들에게 부담이 덜 할 것이라 속단하는 거죠. '어려운 건 더 안 쓰려고 할 테니 쉬운 거라도 시키자'라는 마음으로요.

오해의 소지가 있을 것 같아 덧붙이자면 이런 주제의 글쓰기가 나쁘다는 이야기는 아닙니다. 초등 저학년 시기에는 이 같은 주제로 충분히 글을 써보는 것도 좋습니다. 문제는 3학년부터는 주제를 중심으로 의미가 연결되는 글을 써나가야 하는데도 여전히 단순 연상적 글쓰기에 머물러 있는 경우가 많다는 거예요.

문해력을 향상시키기 위해 필요한 글쓰기는 창의력으로 반짝이는 글이 아닙니다. 예쁜 문장을 쓰거나 기가 막힌 비유를 쓰지 않아도 괜찮아요. 남이 알아듣건 말건 자기 생각을 그저 쏟아부어놓지 않은 글, 어떤 결과에 대한 원인을 파악하고 주제에서 벗어나지 않은 글을 쓸 때 문해력이 몰라보게 자라납니다.

아이들은 의외로 어려운 글쓰기도 잘해냅니다. 저학년임에도 꽤 어려운 과제를 곧잘 써내고, 아닐 것 같지만 수준 높은 주제로 글쓰기를 할 때 더욱 집중하고요. 그뿐만 아니라 말장난처럼 보이는 질문에는 장난처럼 글을 쓰고, 진지한 주제에는 꽤 괜찮은 글을 쓰려고 노력하죠. 이처럼 어른들이 얼마나 믿어주느냐에 따라 아이들의 쓰기가 달라진다는 것을 반드시 기억해주시기 바랍니다.

'말이 되는' 글을 낳는
하루 10분 쓰기 훈련

초등 저학년은 쓰기 능력이 비약적으로 발달하는 시기입니다. 하지만 이 시기에 생각을 논리적으로 배열하고 조직해 글 쓰는 법을 가르쳐야 한다고 말하면, '그건 좀 과한 거 아닌가?'라는 생각이 들지도 모르겠어요. 사실 저학년 아이들은 뭔가를 끄적거리고만 있어도 기특하니까요.

주제에 맞는 내용을 쓰고 적절하게 표현하는 능력은 아이들이 커가며 어느 정도 자연스럽게 발달합니다. 문제는 내용과 표현에서의 쓰기 성장과 달리, 글 한 편을 짜임새 있게 구성하는 '텍스트 구조화' 능력은 배우지 않고는 좀처럼 늘지 않는다는 거예요. 실제로 저학년 아이들은 대체로 '처음-가운데-끝' 구조를 인식하지 못하고 문단도 구분하지 않는 경우가 많고요.

연구자들이 아이들의 글쓰기 능력이 어떻게 향상되는지 살펴봤더니 글쓰기 내용이나 표현은 학년이 올라갈수록 눈에 띄는 성장을 보이지만, 내용을 조직하는 영역의 향상도는 상당히 미미하더랍니다. 1학년임에도 조직을 나름대로 인식하는 아이들이 있는 반면에, 3학년이 되어서도 이를 전혀 인식하지 못하는 경우도 다수인 것으로 나타났어요.

이처럼 텍스트 구조화 능력은 배우지 않으면 자연스럽게 습득하기 어려운 영역입니다. 저학년 아이에게 글이란 자기 생각을 쏟아붓는 게 아니라, 다른 사람이 읽었을 때 이해할 수 있도록 내용을 보기 좋게 줄 세워야 한다는 사실을 알려주세요. 또 한 가지 기억해둘 것은, 저학년 아이들도 정도의 차이는 있지만 꽤 높은 발달 단계의 쓰기 과제를 수행할 수 있다는 사실입니다. 아동 쓰기 발달과 관련한 연구 결과에 따르면 2학년만 되어도 아이들은 한 편의 글을 의미 있게 완결할 수 있고, 반증을 통한 자기주장도 곧잘 내세우는 것으로 나타났습니다.

도화지에 쌓아가는 글의 구조 감각

아이의 쓰기 잠재력을 깨우기 위해서는 글의 구조에 관심을 가지도록 유도하는 게 좋습니다. 저학년이라도 읽는 사람을 배려하면서 글의 시작과 끝을 고민할 수 있거든요. 아래 순서를 따라 아이가 글을 쓰게 해보세요.

> **글의 구조를 생각하며 써보는 연습**
>
> ① 쓰고 싶은 주제와 관련된 낱말(키워드)을 생각나는 대로 공책에 적어둔다.
> ② 도화지에 '처음-가운데-마지막'으로 구성된 도형을 큼직하게 그려놓는다.
> ③ ①에서 쓴 키워드를 '어디에 쓰면 좋을지' 고민하며 도형 중 적절한 위치에 써넣는다.

다음은 '겨울방학보다 여름방학이 더 좋은 이유'에 대한 글을 쓰기 전, 글의 구조를 파악하기 위해 그린 단순한 구조화 도형입니다.

| 시작 | 여름방학, 겨울방학, 놀거리 |

| 가운데 | 수영장, 물놀이, 수박, 캠핑, 바다, 계곡 |

| 마지막 | 여름방학, 기대 |

처음에는 키워드를 구조화 도형에 적어본 뒤 전달할 내용을 말로 설명하고 끝내도 좋아요. 아이가 이 과정에 익숙해지면 시작 부분에 한 문장, 가운데에 두세 문장, 마지막 부분에 한 문장을 쓰게 해주세요. 문장 수는 점차 늘려가면 됩니다.

이렇게 쓸 말을 순서대로 도형에 써보는 것이 구조 인식의 출발점입니다. 매일 하지 않아도 괜찮습니다. 일주일에 한두 번, 10분 정도만 할애해도 아이의 글쓰기 실력을 기르는 데 상당한 도움이 될 거예요.

논리력을 끌어내는 3~4개 문장 쓰기

일반적으로 초등 2학년에는 3~4개 문장을 명료하게 쓰는 것을 글쓰기의 최소 도달 목표로 삼습니다. 따라서 하나의 주제로 3~4개 문장 쓰기를 연습하되, 이 3~4개 문장에는 꼭 필요한 내용만 담도록 지도해주세요. 아이가 '시작하는 문장-설명이나 이유를 쓴 문장-앞으로의 다짐이나 강조하고 싶은 주장'을 쓰게끔 도와주면 됩니다. 아래는 '우리 엄마가 나에게 채소를 먹으라고 하는 이유'에 대해 2학년 두 어린이가 세 문장으로 써본 것입니다.

서준
① 채소는 맛이 없어요.
② 그래서 나는 채소를 싫어해요.
③ 그래서 엄마는 맨날 잔소리해요.

하민
① 우리 엄마는 매일 채소를 먹으라고 해요.
② 채소를 많이 먹으면 감기에 자주 걸리지 않고 배도 안 아프기 때문이에요.
③ 저는 채소를 싫어하지만, 건강에 좋으니까 지금부터 열심히

먹을 거예요.

    몇 문장만 봐도 아이의 논리가 어디쯤 머물러 있는지 가늠할 수 있습니다. 서준이의 글에는 엄마가 채소를 먹으라고 한 이유가 빠져 있지만, 하민이의 세 문장에는 주제에 맞는 이유와 다짐이 조리 있게 담겨 있죠. 아이가 서준이처럼 썼다면 빠진 내용, 이를테면 엄마가 채소를 먹으라고 하는 이유를 생각해보게 하고, 그 내용을 어느 문장 앞에 넣으면 좋을지 함께 고민해보면 됩니다.

    이때 아이들이 쓴 문장에서 맞춤법이나 띄어쓰기, 철자 오류가 발견돼도 너무 정확한 수준을 요구하지 않는 것이 좋습니다. 여기서는 주제에 따른 의견을 '말이 되게' 배열해서 쓰는 것이 핵심이기 때문입니다. 오른쪽 표는 아이들이 3~4개 문장으로 쓸 수 있는 가벼운 글쓰기 주제 목록입니다. 시간이 날 때마다 딱 3~4개 문장만, 읽었을 때 이해가 되도록 쓰게 해주세요.

    초등 저학년의 텍스트 구조화는 이와 같은 주제로 3~4개 문장 정도 써보는 것만으로도 충분합니다. 본격적인 텍스트 구조화는 적어도 3~4학년이 되었을 때 시작하면 됩니다. 텍스트 구조화를 어떻게 알려주면 좋을지에 대해서는 4장에서 보다 구체적으로 이야기할 예정입니다.

3~4개 문장 쓰기 연습에 좋은 주제

- 우리 엄마가 나에게 반찬을 골고루 먹으라고 하는 이유
- 학교는 왜 여덟 살부터 다녀야 할까?
- 학교생활의 좋은 점과 불편한 점
- 친구에게 양보하면 기분이 좋아지는 이유
- 교실/집에서 지켜야 할 규칙 세 가지
- 내가 책을 좋아하는/싫어하는 이유
- 어른들이 책을 많이 읽으라고 하는 이유는 뭘까?
- 6학년이 되면 나는 어떤 모습일까?
- 여름방학과 겨울방학의 비슷한 점과 다른 점은?
- 기분이 빨리 좋아지는 방법은?
- 내가 그 만화/영화를 여러 번 본 이유는?
- 내가 그 꿈(장래 희망)을 꾸게 된 이유는?
- 환경오염에 대해 알고 있는 것은?

글쓰기 싫어하는 아이,
이런 반응이 필요해요

제가 대학에서 처음 한국어 쓰기 수업을 맡았을 때의 일입니다. 저보다 경험이 많은 한 선생님이 조용히 이런 말씀을 해주셨어요. "학생 글 수정할 때 빨간 펜 쓰지 마세요." 좀 어리둥절하더라고요. '첨삭하면 빨간 펜이지! 수정할 때 빨간 펜을 쓰지 말라면 뭘 쓰란 말이지?' 당황스러워하는 제 표정을 읽은 그 선생님은 조용히 '초록색 플러스펜'을 주면서 이런 말씀을 덧붙이셨어요. "학생 글에서 장점부터 찾아보세요."

그 후로 수많은 학생의 쓰기를 지도하며 시간이 한참 흐른 어느 날, 그 선생님이 왜 그런 조언을 했는지 불현듯 이해가 되더군요. 그분의 말씀은 학생들이 글쓰기에 대한 자신감을 잃지 않도록 세심하게 살피라는 말이었어요. 완벽한 글을 만들기 위해 실수를 하나하나 집어내며 학생들을 의기소침하게 만들지 말란 뜻이었던 겁니다.

글쓰기는 읽기와 듣고 말하기 등 그 어떤 언어능력보다 마음 상태와 꼭 붙어 있어요. 글은 문자로 표현해내야 한다는 점에서, 네 가지 언어능력 중 심적 부담을 가장 많이 느낄 수밖에 없는 영역입니다. 따라서 글쓰기와 관련해 어떤 경험을 했느냐는 향후 글쓰기에 지대한 영향을 미칩니다. 특히 글이라는 것을 처음 써보는 초등 저학년 시기에, '나는 글을 쓸 수 있다', '곧잘 쓴다', '해보니까 할 만하네' 같은 마음을 심어주는 것은 아주 중요해요. 그런데 이 시기에 아이가 쓴 글 여기저기에 '틀렸다'라는 신호를 새빨간 색으로 선명하게 보여주면 아이는 그만 풀이 죽고 맙니다. 글쓰기 동력을 잃어버리는 거죠.

한 문장을 썼든 한 문단을 썼든, 아이가 쓴 글을 읽고 부모가 가장 먼저 해야 할 일은 '칭찬할 점 찾기'입니다. 이를테면 "여기 네 생각이 정말 잘 드러났어!", "어떻게 이런 표현을 했지? 엄마는 감탄했어!", "이런 내용을 써놓으니 이해하기 좋다", "이렇게 열심히 쓰는 것을 보니 다음엔 더 잘 쓰겠다" 같은 칭찬이 필요합니다. 틀린 부분은 이런 칭찬을 한 후에 찾아도 늦지 않아요. 아무리 생각해도 그냥 넘어갈 수 없는 치명적인 오류나 맞춤법이 있다면, 그중 한두 개만 슬며시 알려주면 됩니다.

부족한 부분을 꼼꼼하게 지적한다고 해서 당장 다음 글에서 오류가 줄고 향상된 모습을 보이진 않습니다. 아이가 글을 잘 쓰길 바란다면, 앞으로 글쓰기를 계속해나가길 바란다면 어떻게서든 잘한 부분을 찾고 찾아 격려해줘야 합니다.

반듯한 손 글씨에 숨은 진짜 의미

많은 어른들이 학령기 아이들에게 손 글씨를 또박또박 정확하고 반듯하게 쓰라고 합니다. 왜 그럴까요?

- 아무래도 반듯한 글씨가 보기에 좋으니까
- 지렁이 같은 글씨를 쓰면 나쁜 인상을 주니까
- 선생님이 글씨를 못 알아보면 안 되니까

이 정도가 일반적으로 떠올릴 수 있는 이유입니다. 대수롭지 않은 듯 보이는 손 글씨 쓰기 목적은 아이가 만들어내는 지렁이 글씨를 어물쩍 넘어가게 합니다. "우리 애는 성격이 꼼꼼하지 않아서요", "대충 하는 버릇이 있어서 그런가 봐요", "남자애들은 대체로 손 글씨를 못 쓰는 거 아닌가요?" 같은 말이 방패가 되죠.

그런데 글씨를 반듯하게 써야 하는 것은 이런 사소한 문제 때문이 아니에요. 손 글씨를 연습해야 하는 진짜 이유는 알고 보면 다른 데 있습니다. 저학년 때 손 글씨 쓰기 유창성을 확보하지 않으면 높은 확률로 쓰기 자체를 회피하게 되기 때문입니다. 여기서 손 글씨 쓰기 유창성이란 빠르고 정확하게 쓰는 능력을 말합니다.

글쓰기는 고도로 복잡한 인지적 과정이 필요한 작업입니다. 그런데 손 글씨를 쉽게 쓸 수 없다면 뇌는 손 글씨를 쓰는 데 지나친 에너지를 쓰게 됩니다. '이 단어는 어떻게 쓰더라', '이게 무슨 글자지? 내가 쓰고도 모르겠네' 하면서요. 이렇게 되면 쓰기에 꼭 필요한 사고 과정이 대폭 줄어들면서 매우 단순하거나 말이 안 되는 내용을 산출하게 됩니다. 우리가 뭘 하든 뇌가 척척 다 처리해주면 좋겠지만, 아쉽게도 글쓰기에 할애되는 뇌 용량은 한정돼 있거든요.

그러다 보니 손 글씨 쓰기에 능숙하지 않은 아이들은 글씨를 한 자 한 자 써 내려가는 데 인지적 에너지를 다 써버리고 정작 쓰기 내용에는 주의를 기울이지 못하게 됩니다. 반면 손 글씨를 자연스럽게 쓸 수 있는 아이들은 인지적 자원을 글쓰기에 여유롭게 가져다 쓰니 두루 잘 갖추어진 글을 쓸 수 있게 되죠.

일반적으로 아이들은 4학년 정도 되면 손 글씨 쓰기가 유창해지고 자동화되어갑니다. 그렇다고 해서 저학년 때 아이의 손 글씨 속도가 지나치게 느리고 삐뚤빼뚤 알아볼 수 없는데도 '저절로 나아지겠지' 하고 내버려둬서는 안 됩니다. 지렁이 손 글씨를 방치하면, 무려 2~3년을 글자 쓰는 데만 에너지를 오롯이 써버리는 셈이니까요.

손 글씨에 익숙한 아이는 '나는 글을 꽤 잘 쓰지'라는 글쓰기 효능감을 자연스럽게 느낍니다. 그리고 이 마음은 글쓰기의 재미로 이어지죠. 글을 즐겁게 쓰는 아이는 결국 쓰기 능력도 높아지고요. 그러니 글쓰기를 무리 없이 시작하기 위해서는 무엇보다 초등 저학년 시기에 성공적인 손 글씨 쓰기 유창성을 갖춰야 하겠습니다.

이를 위해서는 부모가 문장을 읽어주면 아이가 듣고 쓰는 받아쓰기를 주기적으로 하는 것도 도움이 됩니다. 또 정해진 시간 동안 교과서에 나오는 짧은 지문을 베껴 쓰게 해보세요. 이때는 정확하게 썼는지 확인해야 합니다. 1분 정도 시간을 주고 글을 얼마나 정확하고 빠르게, 바른 글씨로 베껴 쓸 수 있는지 게임처럼 해보도록 하는 것도 좋은 방법입니다.

성별에 따라
글쓰기에 차이가 있을까

아래 보기 중 맞는 것을 골라보세요.

1. 여학생은 남학생보다 글쓰기를 더 잘한다
2. 남학생은 여학생보다 글쓰기를 더 잘한다
3. 성별과 글쓰기는 서로 관계가 없다

정답은 몇 번일까요? 대개는 1번처럼 생각하는 분이 많습니다. 그런데 여학생이 남학생보다 글쓰기를 더 잘할 것 같지만 사실 이것은 오해입니다. 이 이야기를 굳이 꺼내는 이유는 남자아이니까 못 쓴다거나, 못 써도 된다는 생각을 저변에 깔아놓고, 남자아이들에게 글쓰기 기회를 제대로 주지 않는 부모님을 생각보다 자주 목격하기 때문입니다.

재미난 연구를 소개할게요. 한 연구에서 초등 1~3학년 남녀학생에게 이야기 글과 설명 글을 쓰게 한 후 어떤 차이가 있는지 살펴봤어요. 아이들이 쓴 글을 분석해보니 1~2학년 때는 여학생이 모든 종류의 글에서 남학생보다 더 높은 점수를 받은 것으로 나타났습니다. 그런데 3학년쯤에는 상황이 달라졌습니다. 3학년 2학기가 되자 남학생들의 쓰기 점수가 여학생들의 점수와 통계적으로 의미 있는 차이를 보이지 않았거든요. 심지어 설명문 쓰기 상위 집단에서는 남학생이 여학생보다 더 높은 점수를 받았죠. 여기서 상위 집단에 속한 남학생들은 '남자아이는 여자아이보다 쓰기 능력이 부족하다'라는 편견에 개의치 않고 글쓰기를 계속해온 아이들일 확률이 높습니다.

남자아이라면 저학년 때 자신이 잘 아는 것을 설명하고 자신감 있게 쓸 수 있는 글부터 시작하도록 이끌어주세요. 대다수 남자아이는 상상하며 적는 글쓰기를 싫어하는 것이지, 설명 글쓰기를 싫어하지는 않는다는 점도 기억해두면 좋습니다(물론 상상하는 글쓰기를 좋아하는 남자아이들도 있습니다). 여자아이라면 이야기 글을 재미있게 써본 긍정적 경험을 바탕으로 설명문 쓰기에도 도전하도록 독려해주시길 바랍니다.

초등 1~3학년,
이것이 궁금해요!

Q. 아이가 제대로 읽고 있는지
점검하는 방법이 있을까요?

부모님들은 아이가 책 읽는 자세만 봐도 제대로 읽고 있는지 아닌지 어느 정도 가늠하실 수 있을 겁니다. 굉장한 속도로 책장을 휙휙 넘기다가 '나, 다 읽었어!' 하고 책을 덮는지, 아니면 밥 먹으러 오라고 부를 때까지 몰입해서 읽는지만 봐도 대충 답이 나오니까요.

아이가 너무 슬렁슬렁 읽고 책을 덮는 것 같다면 숙제를 하나 내주세요. "엄마도 그 책 궁금한데 퀴즈 하나만 내볼래? 엄마가 맞혀볼게!"라고 말하면서요. 아이는 부모님이 확인하듯 책 내용을 물어보는 것을 부담스럽게 생각합니다. 그러니 반대로 아이에게 엄마, 아빠가 얼마나 잘 알고 있는지 확인하도록 하는 거죠.

아마 부모님은 아이 질문에 대답을 하지 못할 거예요. 아이가 읽은 책 내용을 모르니까요. 그럴 때는 아무 대답이나 하면 됩니다. 예를 들어 아이가 이야기책에 나온 수민이에 대해 질문했다고 해볼게요. "수민이가 왜 선생님에게 혼이 났을까요?"라고 물어본다면 당당하게 아무 말이나 하세요. "숙제를 안 해서 혼이 났습니다!"라고요. 책을 읽지 않고 아무 대답이나 했으니 당연히 틀렸겠죠? 그럼 아이가 "아니야! 틀렸어! 맨날 지각하니까 혼이 났잖아!"라고 책 내용에 맞게 정정해줄 거예요.

책을 읽고 부모님에게 문제를 내보라는 과제를 주면, 아이는 신이 납니다. '내가 엄마, 아빠에게 문제를 냈는데 그걸 틀리네? 내가 정답을 알려드렸네?' 하는 재미가 쏠쏠하거든요. 이 재미난 것을 계속하려면 문제를 내야 하는데, 그러려면 내용을 잘 알아야 하니 전보다는 꼼꼼히 읽게 될 거예요. 이 방법은 초등 중학년 때까지 꽤 잘 통합니다. 아이가 낸 문제에 대답해보고, 가끔은 부모님이 아이에게 질문하기도 하면서 자연스럽게 아이의 책 읽기를 점검해보세요.

Q. 고학년까지는 엄마가 책 읽어주는 게 좋다던데,
　　읽기 독립이 꼭 필요한가요?

읽기 독립을 '부모와 함께 읽기와 작별하기'로 정의한다면 읽기 독립은 하지 않아도 됩니다. 그러나 읽기 독립을 '묵독하며 고요히 읽을 수 있는 상태'로 정의 내린다면 반드시 해야 하는 게 맞습니다. 묵독할 줄 아는 아이가 부모와 함께 책을 읽는 건 언제든 환영이지만, 아이가 홀로 고요히 책을 읽을 수 없다면 도와줄 필요가 있어요. 묵독과 책을 깊이 이해하는 것은 상당한 상관관계가 있기 때문입니다.

아이들은 홀로 조용히, 깊이 읽어나가는 연습을 해나가야 합니다. 하지만 홀로 조용히 읽기는 하루아침에 뚝딱하게 되는 건 아니에요. 그러니 '한글을 읽을 줄 아는데, 왜 혼자 책을 못 읽지?' 하고 조급해할 필요 없어요. 서두르지 말고 서서히 해나가면 됩니다. 아이가 찬찬히 책을 음미하며 읽을 수 있을 때까지 같이 소리 내서 읽거나, 아이 혼자 몇 문장이라도 읽게 하거나, 소리 없이 각자 읽어보자고 하면서 옆에서 지켜보고 응원해주세요.

이때 아이가 읽는 책의 수준이 높아질 때마다 부모님이 넌지시 도와주세요. 아이가 두발자전거를 타기 시작할 때 뒤에서 잡아주다가 혼자 앞으로 갈 수 있다 싶으면 손을 슬쩍 놓죠? 그러다 자전거가 흔들흔들 위태로워 보이면 얼른 쫓아가 중심을 잡게끔 도와주고요. 읽기 독립을 해나가는 과정은 두발자전거 타기와 같습니다. 책 읽기를 힘들어할 때마다 부모님이 함께 읽으며 이야기를 나눠보고, 한두 단락 정도는 혼자 읽게 하면서 '어려운 책도 얼마든지 혼자 읽을 수 있다'라는 자신감을 거듭 심어주세요.

아이가 두발자전거를 탈 때 평생 뒤에서 잡아주고 밀어주진 않죠. 읽기 독립도 마찬가지입니다. 홀로 고요한 읽기를 차분히 해나갈 수 있을 때까지, 아이가 도움이 필요할 때 든든하게 잡아주기만 하면 됩니다.

Q. 학교에서 있었던 일을 말할 때 두서없이 말해요. 고쳐야 할까요?

두서없이 말하는 습관을 무작정 고치려 하기보다 아이에게 '말할 때 이런 부분이 비어 있으면 듣는 사람은 이해하기 어렵다'는 것을 꼭 알려줘야 합니다. 말할 때 언제, 어디서, 누가, 무엇을 등 이른바 '맥락'을 갖춰 말하는 아이들의 읽기 이해도가 그렇지 않은 아이들에 비해 월등히 높거든요.

사실 부모님은 내 아이가 몇 마디만 해도 무슨 말을 하려는 건지 훤히 다 아실 겁니다. 그 말이 나온 전후 맥락을 알거나 짐작하고 있을 때가 많으므로, 명사 몇 개만 대충 말해도 부모님 머릿속에는 그 상황이 자동 반사적으로 그려지는 경우가 많죠. 그러다 보니 자녀가 맥락 없이 말한다는 사실을 알아채지 못하는 부모님들이 의외로 많습니다.

아이가 하는 말을 귀 기울여 들어보세요. 만약 아이의 말 여기저기에 구멍이 숭숭 뚫려 있다면 "누가 그랬던 거야?", "언제 일어난 일이야?", "교실에서?"라고 물으며 빈 지점을 짚어주세요. 맥락을 제대로 구성해 말하는 아이의 부모는 '언제, 어디서, 무엇을, 어떻게' 등과 같은 질문을 많이 한다는 연구 결과도 있습니다. 두루뭉술한 아이의 이야기를 들으며 짐작하지 말고, 아이가 선명하게 그려낼 수 있도록 반드시 맥락을 짚어주는 것이 필요합니다.

Q. 쓰기를 싫어하는데 굳이 시켜야 할까요?

쓰기는 아이의 호불호에 따라 선택할 수 있는 영역이 아닙니다. 어떤 상황에서든 시도하는 게 맞아요. 아이가 쓰기를 싫어하는 이유는 무슨 내용을 어떻게 써야 할지 몰라서일 때가 많습니다. 글쓰기를 너무 싫어한다면 아이가 잘 아는 놀이나 게임, 아이가 좋아하는 음식, 친구 등에 관해 서너 문장으로 쓰게 하세요. 아이가 어떤 뜻으로 글을 썼는지 이해가 됐다면 잘 썼다고 칭찬하고 넘어가면 됩니다. 맞춤법, 철자 같은 쓰기 규범은 크게 강조하지 말고요. 더불어 아이에게 글쓰기를 잘하면 생각을 멋지게 조각해낼 수 있다는 것을 알려주세요. 아이가 쓰기에 대한 목적의식을 갖는 것도 중요하기 때문입니다.

짧고 간단하게 쓰는 과정이 여러 번 반복되면, 아이들은 이토록 중요한 글쓰기를 그래도 조금은 해낼 수 있게 됐다는 안도감을 느낍니다. 아이가 쓰기에서 작은 성공을 꾸준히 맛보도록 이끌어주세요. 쓰기 재미에 푹 빠지진 않더라도, 쓰기에 아예 등을 돌리는 일만큼은 피할 수 있습니다.

PART 3

초등 고학년: 공부머리 넓히는 문해력 쑥쑥 키우기

책 많이 읽는 아이,
어휘력은 왜 빈곤할까

어휘력의 민낯이 드러나는 초등 고학년

내 아이라면 스펀지처럼 쏙쏙 언어를 흡수하고만 있을 줄 알 았는데, 이것이 부모의 핑크빛 기대에 지나지 않았다는 사실을 어느 날 문득 발견하게 됩니다. 아이의 어휘력에 구멍이 숭숭 뚫려 있다는 사실을 알아채는 때는 주로 고학년이 시작될 무렵 입니다. 이제 공부 좀 시작해보려는데 구멍 난 어휘력이 위풍당당하게 민낯을 드러내며 책이든 문제집이든 다음 페이지로 넘어가지 못하게 가로막는 거죠.

아이의 어휘력이 언제부터 엉성해졌는지 섣불리 판단하긴 어렵습니다. 아이마다, 집집마다 다른 사정이 있으니까요. 한 가지 분명한 사실은 초등 저학년 책에는 대부분 일상 어휘가 나오는 데다, 글 내용도 이해하기 쉬워 어휘력 결핍을 알아차리지 못하는 경우가 많다는 겁니다.

그런데 고학년이 되면 모자란 어휘력은 숨을 곳을 잃습니다. 교과서 곳곳에 수준 높은 한자어와 일상에서는 자주 쓰지 않는 저빈도 전문용어가 포진해 있어 도망갈 곳이 없거든요. 연구에 따르면 아이들이 교과서 내용을 이해하기 위해서는 내용에 포함된 어휘의 95퍼센트 이상을 알고 있어야 한다고 합니다. 모르는 어휘도 많은 데다 어휘를 유추하는 감도 떨어지고 여기에 배경지식까지 부족하다면, 아이들에게 글자는 '그냥 굴러다니는 까만 점'으로 보일 거예요.

"우리 애는 책을 정말 많이 읽는데, 어휘력이 좋지 않아요. 왜 그럴까요?"

강연에서 어휘력과 관련해 가장 많이 받는 질문 중 하나입니다. 책 많이 읽으면 어휘력이 는다는 건 불문율 같은 거라 그것을 지켰을 뿐인데, 뚜껑을 열고 보니 어휘가 듬성듬성 휑하기만 하다면 이보다 더 억울한 일이 있을까요. 책을 많이 읽었는데, 어휘력이 홀쭉한 이유는 대체 뭘까요?

우리가 순수하게 독서만으로 새 어휘를 습득하려면 책을 읽을 때 해당 어휘를 여러 차례 접하는 우연한 행운이 뒤따라야 합니다. 몰랐던 어휘를 이 책, 저 책에서 두루 만나려면 일단 독서량이 상당해야 하고, 더불어 어휘를 민감하게 알아보는 깨어 있는 눈도 필요합니다. '어? 이 단어 처음 보는데?' 혹은 '이거 전에 본 단어 같은데' 등의 단어 민감성 말이죠. 이렇게 우연한 만남과 단어 민감성이 더해질 때, 비로소 하나의 어휘가 머릿속 어휘집에 안전하게 저장되는 겁니다.

그렇기에 그냥저냥 읽으면서 아이가 습득하는 어휘량은 의외로 소박합니다. 책을 많이 읽는데도 어휘력이 부족한 아이들이 여기저기서 발견되는 이유가 여기에 있는 거죠. 어휘는 누가 뭐래도 학습의 성패와 직결됩니다. 아이들의 머릿속 어휘집이 더 빈곤해지기 전에 어휘 학습을 좀 서둘러야겠죠. 그렇다면 어떤 방법을 써야 할까요?

고학년일수록 효과적인 '나만의 단어장 만들기'

제가 만난 4학년 서하는 상당한 수준의 어휘력을 보유한 아이였습니다. 서하 글에 담긴 어휘를 보면서 '웬만한 성인 수준인데?', '읽는 책 수준도 상당하겠는데?'라는 생각이 들 정도였죠. 그런데 뜻밖에 서하가 그동안 읽어온 책은 초등학교 중·고학년 학생 수준을 크게 벗어나진 않았더라고요. 무엇을 어떻게 했길래 이렇게 어휘 사용 수준이 훌륭한지 궁금해서 어휘 공부를 따로 하고 있는지 서하에게 물어봤습니다.

"단어 수첩을 옆에 두고 책을 읽어요. 읽다가 모르는 단어가 나오면 그 수첩에 써둬요. 대충 짐작하고 넘어갈 때도 있고, 엄마한테 물어볼 때도 있고, 다 읽은 다음에 네이버 사전에서 찾아볼 때도 있어요. 가끔 엄마가 단어장 보면서 퀴즈를 내주시기도 해요. 일기 쓸 때나 독서 기록장 쓸 때 수첩 꺼내놓고 괜히 멋있어 보이게 골라 써보기도 하고요."

부모님의 권유로 단어 수첩을 쓰기 시작했다는 서하는 어휘력 키우는 방법의 정석을 그대로 따르고 있었습니다. 어휘는 들기 어휘, 말하기 어휘, 쓰기 어휘, 읽기 어휘로 이루어져 있어요. 듣기·말하기·읽기·쓰기 어휘의 존재는 책 읽기만으로는 어휘력이 크게 향상되지 않는다는 사실을 설명해줍니다. 어휘를 읽어보기만 할 뿐만 아니라 써보기도 하고, 들어보기도 하고, 말해보기도 해야 머릿속 어휘집에 단어가 무사히 안착합니다. 따라서 서하가 활용하는 방식, 즉 모르는 단어를 메모해두었다가 그 단어를 말이나 글로 꺼내 사용해보는 것은 어휘 공부의 정석 중 정석이라 볼 수 있어요.

아이가 책을 읽다 만나는 모르는 단어를 단어장에 써두는 습관을 들이도록 이끌어주세요. 서하 같은 아이가 흔치는 않지만 방법을 몰라서 하지 못한 아이들도 많을 테니까요. 수첩에 단어를 메모하는 게 독서에 방해가 될까 걱정하지 않아도 됩니다. 단어를 썼다가 다시 읽기로 되돌아가는 건 큰 문제가 되지 않습니다.

만약 아이가 귀찮다며 하지 않으려고 한다면 부모님이 적극적으로 도와주세요. 자녀가 책을 읽다 모르는 단어를 물어볼 때 부모님이 그 단어를 스마트폰 메모장에 적어두시는 겁니다. 그리고 며칠 후 메모장 속 단어를 보면서 단어 퀴즈를 내거나 문장 만들기를 시켜보세요. 2~3분이면 끝나는 이 활동은 별것 아닌 것처럼 보여도 어휘력 증진에 상당한 도움이 됩니다.

단어 확장 도구, 사전 제대로 활용하는 법

고학년 이후부터는 알아야 하는 '어려운' 어휘가 대폭 늘어납니다. '이 접두사가 붙으면 이런 뜻이 더해지지' 같은 어휘 감각을 키우는 동시에, 어휘를 기억하고 확장해가려는 노력을 의도적으로 기울여야 합니다. 여기서는 가장 기본이 되는 사전 활용 방법을 알려드릴게요. 사전은 종이 사전을 사용해도 무방하지만, 유의어나 반의어까지 두루 살펴보려면 인터넷 국어사전을 이용하는 것이 더 좋습니다.

초등 3학년 무렵, 학교에서 사전 찾는 법을 배웁니다. 그런데 정말 중요한 건 사전 찾는 법을 넘어 사전을 단어 확장 도구로 활용하는 방법이에요. '진짜 활용법'을 알아두기만 하면 사전은 어휘력의 든든한 조력자가 됩니다. 예를 들어 '추진하다'라는 단어를 모른다고 해볼게요. 사전에서 뜻을 찾아보기 전에 아이가 예상하는 단어의 뜻이 뭔지 물어보세요. 그런 다음 네이버 사전에서 단어를 검색해보면 표준국어대사전에 기록된 다음과 같은 정의가 나옵니다.

추진하다
1. 물체를 앞으로 밀어 내보내다
2. 목표를 향하여 밀고 나아가다

아이가 질문한 '추진하다'의 뜻이 둘 중 어디에 해당하는지 생각을 나눠보세요. 그리고 '추진하다'의 두 가지 뜻이 어떻게 연결돼 있는지 확인하고 예문도 함께 읽어보는 겁니다. 이런 방식을 활용하면 단순히 단어의 뜻만 찾아보는 데 그치지 않고 보다 확실하게 용례를 파악하고 머릿속에 저장할 수 있습니다.

어휘를 촘촘하게 연결하는
유의어와 반의어 익히기

 단어 뜻을 찾는 데만 사전을 활용하면 조금 아쉽습니다. 어휘력을 늘리려면 어휘와 어휘를 촘촘하게 연결하는 일이 중요한데, 유의어와 반의어가 그 역할을 톡톡히 하거든요.

 "'추진하다'와 바꿔 쓸 수 있는 말에는 뭐가 있을까?"
 "지금 생각나는 비슷한 단어 있어?"
 "반대말은 뭘까?"

 아이에게 이런 질문을 던져보세요. 유의어와 반의어를 잠시 생각해본 후 사전을 다시 찾아보게 하는 겁니다. 인터넷 사전 하단에는 유의어나 반의어가 소개돼 있습니다. 아이가 알고 있는 유의어는 무엇인지, 처음 보는 단어는 없는지 함께 살펴보세요. 이때 유의어 중 더 알아보고 싶은 어휘가 있다면 클릭해보세요. 그러면 그 어휘에 대한 사전적 정의가 쓰인 페이지가 나올 텐데, 이때 몰랐던 단어의 뜻과 쓰임새까지 확인할 수 있겠죠.
 이러한 사전 활용 과정은 더할 나위 없이 훌륭한 어휘 공부가 됩니다. 여력이 된다면 새로 알게 된 단어, 마음에 드는 단어로 아이와 함께 문장을 만들어보는 것도 좋습니다. 이렇게 하면 '오늘 새로운 단어를 배웠네!'라며 확실한 어휘 도장을 꾹 찍을 수 있을 겁니다.

모르는 단어를 찾아 그 뜻을 확인해보는 것은 닫혔던 단어 세계의 문을 열어주는 일입니다. 자신이 직접 찾아본 단어와 단어가 쌓이면, 어느새 아이는 읽기와 글쓰기 실력을 단단하게 엮어나갈 수 있게 됩니다.

복잡한 한자 어휘,
슬렁슬렁 감각 익히기

교과서에 나오는 한자 어휘, 6,000개가 넘어요

초등 교과서에는 귀여운 우리 아이들만큼이나 말랑말랑한 단어만 친절하게 쓰여 있을 것 같지만, 실제로는 그렇지 않습니다. 우리말에서 한자어의 비중이 70퍼센트나 된다는 사실을 입증하기라도 하듯, 초등 교과서에는 예상을 뛰어넘을 정도로 많은 한자어가 실려 있어요. 한 연구자가 조사해보니 1학년 교과서에는 914개, 2학년 교과서에는 1,387개, 3학년 국어 교과서에는 1,673개, 4학년 국어 교과서에는 2,095개, 5학년 국어 교과서에는 2,010개, 6학년 국어 교과서에는 2,430개의 한자 어휘가 실려 있다고 합니다. 학년이 높아질수록 한자 어휘가 점점 많아지죠. 3학년 이후에는 국어 교과서로만 분석했으니 전 과목 교과서에 실린 한자 어휘는 이보다 훨씬 더 많을 겁니다.

이처럼 고학년으로 올라갈수록 아이들이 접하는 소위 '어려운 어휘'가 폭발적으로 증가합니다. 학습 내용이 어려워지면 일상에서는 자주 쓰지 않는 한자어로 이루어진 저빈도 전문어가 많아지고요. 따라서 한자어를 익히고 한자 어휘에 대한 감을 익히는 것은 선택이 아닌 필수입니다.

한자는 보통 한자 급수를 준비하며 문제집을 사서 외우는 방식으로 공부하죠. 차근차근 급수를 따며 한자를 익혀나가는 것도 좋은 방법이지만, 이것으로 한자 어휘력을 넓히기에는 다소 한계가 있습니다. 한자 어휘력 확장에 중요한 건 한자어에 대한 '메타언어 인식'이거든요.

예를 들어보겠습니다. '고물', '고전', '고가구' 같은 단어를 보고 '고(高)'는 오래되었다는 뜻이니까 '고물'은 오래된 물건, '고전'은 오래된 작품일 거라고 짐작할 줄 아는 능력이 바로 한자어 메타언어 인식입니다. 이처럼 한자 형태소의 존재를 알고, 이것이 다른 한자 또는 고유어와 결합해 새로운 어휘로 확장된다는 사실을 알아차리는 것이 한자어 학습에서 무엇보다 중요합니다.

한자에 자신 없는 고학년을 위한 '한자 접두사 게임'

그동안 한자 공부를 적극적으로 하지 않아 한자에 자신 없어 하는 고학년에게 효과적인 한자 어휘력 확장법을 알려드릴게요. 먼저 한자 접두어를 이용하는 방법입니다. 한자 접두사란 앞에 붙어 새로운 단어가 되게 만드는 한자예요. 예를 들어 최고, 최대, 최상에 붙은 '가장, 제일'이라는 뜻을 더하는 '최(最)'가 한자 접두사입니다.

지금부터 보여드리는 한자 접두어 50개는 국립국어원의 「초등학교 교과서 어휘 조사 연구」에 수록된 어휘에 포함된 한자 접두어입니다. 초등 교과서에 실린 한자인데도 수준이 상당하죠? 조금 어려워 보이긴 하지만, 교과서에서 배운 단어에 쓰인 한자 접두사이니 아이들은 큰 부담 없이 받아들일 거예요.

초등 교과서에 실린 대표 한자 접두어 50개

강(强)	경(輕)	고(高)	고(古)	공(空)	구(舊)	급(急)	과(過)	극(極)
귀(貴)	내(內)	냉(冷)	다(多)	단(單)	대(大)	대(對)	무(無)	몰(沒)
명(名)	미(未)	맹(猛)	반(半)	반(反)	복(複)	범(汎)	부(不)	부(副)
비(非)	백(白)	선(先)	소(小)	수(數)	시(媤)	신(新)	실(實)	생(生)
약(弱)	양(洋)	역(逆)	연(軟)	유(有)	왕(王)	외(外)	원(原)	장(長)
저(低)	정(正)	준(準)	중(重)	재(再)	진(眞)	초(初)	초(超)	총(總)
최(最)	탈(脫)	폐(廢)						

위의 표에 제시된 한자 접두사로 시작하는 단어를 찾는 게임을 해보세요. 첫말 잇기를 하는 것처럼요. 시작하기 전에 "냉'으로 출발하는 말을 찾아보자. 냉은 차갑다는 뜻의 한자어야" 정도로만 이야기해주면 됩니다. 그리고 부모님이 먼저 생각나는 단어를 빠른 속도로 말하세요. 게임하듯 박진감을 느낄 수 있게 말이죠. "냉장고!" 하면 아이도 서둘러 '냉면' 같은 단어를 말할 거예요. '냉동', '냉방병', '냉정하다', '냉랭하다' 같은 단어를 꺼내볼 수 있을 겁니다.

'냉소적'같이 아이가 모를 만한 단어를 슬쩍 언급해보는 것도 좋습니다. 아이가 차갑다는 뜻을 지닌 '냉'이 붙은 단어를 알게 되는 기회가 될 테니까요. 마지막으로 아이에게 '냉'을 한자로 쓰면 이런 모양이라는 것을 무심히 보여주세요.

이처럼 한자 접두어를 이용한 단어 놀이는 아이들로 하여금 한자 형태소를 이해하고 감을 익힐 수 있게 합니다. 모르는 한자어가 나와도 '이런 뜻이겠지'라고 유추하는 힘을 기를 수 있고요. 한자 형태소를 알아채는 '감(感)'과 한자 어휘력 간에는 굉장히 뚜렷한 상관관계가 존재합니다. 한자 접두어 말놀이를 지속적으로 해나가며 아이들이 한자 어휘력을 향상시킬 수 있도록 이끌어주세요.

교과서 한자어로 어휘 확장 연습하기

이번에는 4~6학년 국어 교과서에 나오는 한자어를 중심으로 어휘 생산성을 높여볼 차례입니다. 오른쪽 표는 4~6학년 국어 교과서에 실린 한자어 중 확장 연습에 적합한 단어들입니다.

먼저 아이에게 아래 한자 어휘 중 하나를 선택해 물어보세요. **"측정이 뭔지 알아?"** 라고 묻고 아이의 대답을 들은 후 사전에

초등 4~6학년 국어 교과서에 실린 주요 한자어

발견(發見)	변화(變化)	대신(代身)	분야(分野)
가치관(價値觀)	개방(開放)	교환(交換)	미행(尾行)
비유적(比喩的)	사고(事故)	실제(實際)	연결(連結)
연기(演技)	예보(豫報)	처지(處地)	편식(偏食)
표결(票決)	공식적(公式的)	관용(寬容)	부여(附與)
소신(小臣)	수확(收穫)	완주(完走)	요란(搖亂)
편찬(編纂)	고초(苦楚)	공감(共感)	사기(史記)
신중(愼重)	이익(利益)	전폭적(全幅的)	채택(採擇)
침침(沈沈)	측정(測定)	탁월(卓越)	감응(感應)
강제(强制)	근방(近方)	냉대(冷待)	명확(明確)
선진(先進)	수혜(繡鞋)	위조(僞造)	정책(政策)
추가(追加)	추세(趨勢)	편견(偏見)	고려(考慮)
반론(反論)	개발(開發)	개선(改善)	검토(檢討)
경청(傾聽)	방안(方案)	실태(實態)	증거(證據)
형식(形式)	효과(效果)	기원(祈願)	원리(原理)
유려(流麗)	추론(推論)	동등(同等)	비극(悲劇)
소모(消耗)	절정(絶頂)	간결(簡潔)	감소(減少)
강화(强化)	산업화(産業化)	실현(實現)	이득(利得)
주체(主體)	고민(苦悶)	과장(誇張)	관점(觀點)

발전(發展)	부과(賦課)	참여(參與)	기한(期限)
협력(協力)	검색(檢索)	달성(達成)	부작용(副作用)
원칙(原則)	제정(制定)	확산(擴散)	흡수(吸收)
객관적(客觀的)	구제(救濟)	문의(問議)	위급(危急)
조합(組合)	지속(持續)	지불(支拂)	감당(堪當)
개탄(慨歎)	결의(決議)	고갈(枯渴)	곤경(困境)
분담(分擔)	승점(勝點)	악평(惡評)	적용(適用)
적자(赤字)	제약(製藥)	촉구(促求)	해소(解消)
확신(確信)			

서 '측정'의 한자 뜻을 찾아보세요. "측정은 한자어인데, '측(測)'은 '재다'라는 뜻의 한자이고, '정(定)'은 '정하다'라는 뜻이야"라고 알려주는 거죠. 그런 다음 "'측'이 들어가는 낱말은 또 뭐가 있을까?" 하고 물어보면서 같이 단어를 찾아보세요. 아마 '측량', '추측' 같은 단어를 떠올릴 수 있을 거예요.

이번에는 "'정'이 들어간 단어에는 뭐가 있을까?" 하고 찾아보세요. '선정', '책정' 같은 단어를 떠올릴 수 있을 거예요. 생각나는 대로 단어를 말해도 좋고, 딱히 떠오르는 단어가 없다면 사전에서 찾아보면 됩니다.

슬렁슬렁 한자어 감각 키우기

1. 단어를 하나 골라 먼저 뜻을 물어보기

   예) "측정이 뭔지 알아?"

2. 한자어 뜻을 풀어 알려주기

   예) "측정은 한자어인데, '측( )'은 '잰다'라는 뜻의 한자이고, '정( )'은 '정하다'라는 뜻이야."

3. 같은 한자가 들어간 다른 단어를 떠올려보기

   예) "'잰다'는 뜻의 측이 들어가는 말에는 또 뭐가 있을까?", "'정하다'라는 뜻의 '정'이 들어간 단어에는 뭐가 있을까?"

4. 다음 날 어제 나눈 단어를 되짚어보기

   예) "어제 우리가 찾은 '정'이 들어가는 단어는 뭐였게?"

5. 기억해낸 아이를 칭찬하며 어휘 확장을 긍정적인 경험으로 마무리하기

   예) "어제 단어 찾기 활동에 집중했구나! 안 잊어버렸네!"

이제 아이와 함께 고심해서 찾아본 단어를 공책이나 화이트보드에 크게 써놓았다가, 다음 날 아이한테 "어제 우리가 찾은 '정'이 들어가는 단어는 뭐였지?" 하고 다시 한번 물어보세요. "'측' 한자는 무슨 뜻이었게?" 하고도 물어보고요. 아이가 대답하면 "어제 단어 찾기 활동에 집중했네! 안 잊어버렸구나!"라고 크게 칭찬해주면 됩니다. 부담스럽지 않은 활동이어야, 하고 나서 기분이 좋아져야 아이들과 오래 할 수 있어요. 가볍고 즐거운 마음으로 한자어 늘리기 활동을 해나가는 것이 좋습니다.

학년이 될수록 어휘에 대한 '감(感)'이 어휘력을 좌지우지합니다. 순우리말과 달리 한자어는 특성상 '감'으로 뜻을 유추할 수 있을 때가 많아요. 별 뜻 없이 게임하듯 부모님과 매일 꾸준히 한 이런 활동이 어휘에 대한 아이의 감을 섬세하게 다듬어줄 거예요.

이 활동은 비단 아이들만을 위한 건 아닙니다. 아이와 함께 단어를 떠올리려고 애쓰다 보면 그간 먼지를 뒤집어쓴 채 한구석에 쪼그리고 있던 부모님의 어휘 주머니도 활짝 열릴 테니까요. 부모님에게는 알고는 있었지만 잊고 지낸 어휘를 꺼내는 시간이, 아이들에게는 새로운 어휘를 알아가는 뜻깊은 시간이 될 수 있을 겁니다.

초등 고학년,
책과 다시 가까워지는 법

재미있는 것이 너무나도 많아지는 사춘기

고학년이 되면 아이들은 눈빛부터 뾰족해집니다. 눈자위를 '희번덕'거릴 때가 잦아지죠. 달라진 눈빛과 더불어 아이들은 책 읽기에도 시큰둥해집니다. 독서보다 더 큰 즐거움을 주는 활동이 많다는 것을 알아차리고 그 일을 실행에 옮기는 나이가 된 거예요.

여기에 또래 친구들의 친절한(?) 소개까지 더해지면 아이들은 스마트 기기 사용 영역을 빠른 속도로 넓혀나갑니다. 물론 아이들이 읽기와 멀어지는 건 스마트 기기 때문만은 아니에요. 영어나 수학 공부에 할애하는 시간이 늘어나면서 책 읽을 시간이 상대적으로 크게 줄어들기도 하니까요. 이와 같은 환경적 요인과 더불어 아이들의 읽기 동기는 학년이 올라갈수록 높아지기는커녕 날개 없는 추락을 이어갑니다. 정도의 차이는 있지만 이때만큼은 원래 책 읽기를 좋아하던 아이들도 책과 거리를 두게 되고요. 이처럼 고학년이 되면 독서를 할 능력이 있음에도 책을 읽지 않는 아이들, 이른바 '자발적 비독자'가 되어버린 아이들이 늘어납니다.

그러니 책 잘 읽던 아이가 갑자기 책을 멀리한다고 해서 이를 심각하게 여기거나 너무 슬퍼하지는 말길 바랍니다. 달라지는 환경과 아이들의 발달상 자연스러운 현상이니까요. 물론 그렇다고 해서 '요즘 애들 다 그렇지, 뭐'라며 포기해버릴 순 없죠. 어떻게 하면 아이가 다시 책을 읽게 할 수 있을까요?

'읽기 동기-읽기 행동-읽기 능력' 선순환 형성하기

읽기 동기는 읽기 행동과 읽기 능력을 강력하게 예측하는 변수로 작용합니다. 읽기 동기가 있어야 읽기 행동(읽기 횟수, 읽기 양, 깊이 읽기 습관)이 나타납니다. 자주, 깊이 읽으면 읽기 성취는 자연스럽게 뒤따라오죠. 여기서 끝이 아닙니다. 단단해진 읽기 능력은 강력한 읽기 동기로 되돌아와 부모님들 얼굴에 저절로 미소가 지어지게 하는 '읽기 선순환'을 이룹니다.

그런데 지금까지 우리는 지겨울 만큼 '책을 잘 읽으려면 흥미가 있어야 해', '책을 많이 읽으면 성적이 올라', '책을 많이 읽어야 좋은 대학에 들어갈 수 있어' 같은 이야기를 숱하게 들어왔어요. 흥미와 성적이 내적, 외적 읽기 동기에 각각 해당되

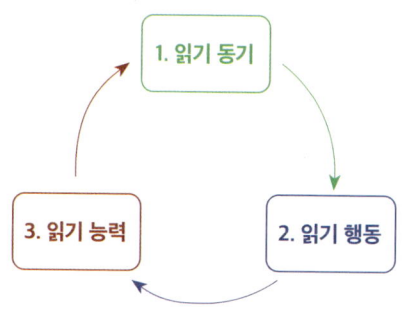

는 건 사실이지만 너무 많이 들어온 탓일까요? '독서, 흥미, 성적'이 들어간 키워드는 보기만 해도 피로감이 몰려옵니다.

게다가 '내가 책을 많이 읽어서 성적으로 널 이기고야 말겠어!'라는 경쟁 심리만 앞세운 외적 동기는 읽기 성취에 별 효과를 내지 못해요. 읽기 능력은 키워주지도 않으면서 마음만 너덜너덜하게 만들 뿐이죠. 성적 같은 외적 동기를 읽기 성취로 이어가기 위해서는 다양한 내적 동기에도 관심을 갖고 함께 키워 나가야 합니다. 그래야 자발적 비독자가 된 아이들을 다시 책으로 돌아오게 할 수 있어요.

2장에서 언급한 것처럼 아이들의 읽기 동기에는 상당히 여러 요소가 존재합니다. 읽기 동기에는 효능감, 도전심, 호기심, 성취감, 읽기 중요성 인식 같은 내적 동기, 그리고 성적, 경쟁, 칭찬, 보상 같은 외적 동기가 있습니다. 이 요소들은 다원적으로 아이들의 성향이나 발달 단계에 따라 크고 작은 영향을 미치는데, 그중에서도 특히 고학년 아이들에게 읽기 동력을 다시 활활 지펴줄 동기가 분명히 있습니다.

고학년을 위한 특효약, 읽기 효능감

학년이 올라갈수록 아이들의 읽기 동기에 강력한 영향을 미치는 내적 동기가 있어요. 바로 읽기 효능감입니다. 2장에서 설명했듯 읽기 효능감이란 '나는 이 책을 읽을 수 있어!' 하는 마음이에요. 실제 읽기 능력이라기보다 '스스로에 대한 믿음'을 뜻합니다. 읽기 효능감은 저학년 때는 별다른 영향을 미치지 않아요. 어릴 때는 너도나도 다 잘 읽는다고 스스로 생각하거든요. 그러다가 고학년이 되면 읽기 성취에서 빛을 발하기 시작합니다. 학년이 높아질수록 새로운 분야를 다룬 어려운 글을 많이 접하게 되기 때문이에요.

고학년 때 읽기 효능감이 없으면 글이 조금만 어렵게 느껴져도 부담스럽게 여기고 급기야 독서 자체를 거부합니다. 반대로 읽기 효능감이 넘치는 아이들은 '읽으면 읽는 거지!', '재미없고 어려워 보이지만 한번 해보자. 나는 잘 읽어낼 수 있으니까!'라는 마음으로 새로운 읽기에 도전합니다. 또 읽고 난 후에 느끼는 성취감은 또 다른 읽기로 아이를 이끌어주고요.

다음 장에 제시된 읽기 효능감 체크리스트에서 일곱 개 이상에 '그렇다'라고 답하면 읽기 효능감이 높은 것으로 볼 수 있어요. 만약 아이가 '그렇다'라고 표시한 것이 네 개 이하라면 읽기 효능감을 높여줄 방법을 고민해봐야 합니다.

읽기 효능감 체크리스트

나는 길고 복잡한 책을 잘 읽는다	☐
나는 내용이 어려운 책도 잘 읽을 수 있다	☐
나는 모르는 낱말이 나와도 당황하지 않고 읽는다	☐
나는 책에 사진이나 그림이 없더라도 잘 읽는다	☐
나는 책을 읽을 때 자신감이 있다	☐
나는 책을 읽을 때 글자를 봐도 두렵지 않다	☐
나는 책을 읽고 질문을 받으면 잘 대답할 수 있다	☐
나는 읽은 책의 내용을 잘 이해할 수 있다	☐
나는 책 읽기를 통해 많은 것을 배울 수 있다	☐
나는 앞으로 책을 더 잘 읽게 될 것이다	☐

읽기 효능감이 낮은 아이라면
작은 성공 경험부터

아이가 읽기 효능감도 낮은 데다 부정적인 읽기 태도를 보이는 것은, 오래전부터 쌓여온 읽기 실패 경험과 그로 인한 좌절감이 주원인일 수 있어요. 이런 아이들은 그동안 독자로서 자기 능력을 부정적으로 평가해왔을 겁니다. 아이들이 느끼는 실패와 좌절감은 상이나 칭찬 같은 외적 보상의 부재로 촉발될 때가 많은 만큼, 독서와 관련해 칭찬받은 적이 적었던 건 아닌지도 살펴봐야겠습니다.

읽기 효능감이 낮은 아이들이 가장 시급하게 해야 할 것은 읽기에 대한 성공적인 경험을 다시 쌓아가는 일이에요. 허들 경기를 생각해보세요. 장애물달리기를 두려워하는 아이에게 처음부터 허리 높이 허들을 넘으라고 하면 아이는 냅다 도망가버리겠죠. 이런 아이에게는 조금만 폴짝 뛰면 넘을 수 있는 더 낮은 허들이 필요합니다. 아이가 가뿐하게 성공하면 그 후로 허들 높이를 아주 조금씩 높여가면 됩니다.

읽기도 마찬가지예요. 아이가 가볍게 넘어설 수 있는 짧은 읽을거리를 제공해주세요. 만약 수월하게 읽어냈다면 이 작은 경험에 대해 응원하고 격려해줍니다. 예민한 아이라면 책 읽는 환경이 온화하고 따뜻할수록 좋습니다. 읽을 당시의 분위기 역시 책에 대한 긍정적 정서와 성공 경험에 좋은 영향을 미치니까요.

잘 읽던 아이라도 갑작스레 책을 멀리하면, 마찬가지로 새로운 성공 경험을 쌓을 수 있게 도와줄 필요가 있습니다. 이런 경우엔 아이 수준보다 조금 어려운 책을 선정해 도전 의식과 성취감을 느끼게 하면 됩니다.

더불어 아이가 글을 읽고 '알게 됐다'라는 기쁨을 느끼게 해주는 것도 좋은 방법입니다. 저는 강연 때마다 부모님들께 아이들의 지적 허세를 이용하라고 말씀드립니다. 사람이라면 누구나 똑똑해지고 싶은 마음, 내가 아는 것을 설명할 때의 기쁨, 모르는 것을 이해했을 때의 즐거움이 있거든요. 바로 이 마음을 이용하는 겁니다. 아이가 책을 읽고 이해했다면, "이 내용이 결코 쉽지 않은데 끝까지 읽었구나?", "우리 ○○이가 이제 이런 것도 알게 됐네!" 같은 말을 진지하게 들려주세요. 별것 아닌 칭찬이라도 부모님이 이렇게 반응해주면 아이는 '내가 좀 대단한 책을 읽었네?'라는 자부심을 느끼고 새로운 동기를 얻을 수 있을 거예요.

사소한 '읽기 성장'이
문해력을 자라게 합니다

다른 사람과 비교하지 않기가 어려운 세상입니다. 화면 터치 몇 번만으로 전국구 똑똑한 아이들의 소식을 여기저기서 들을 수 있으니 말입니다. 우리 애와 학년이 같은 어떤 아이는 이런 것도 하고, 아이 친구는 벌써 저런 것도 할 줄 아는데, 소파에 누워서 스마트폰만 보고 있는 아이의 모습을 보면 마음속에서 모락모락 연기가 피어오릅니다. 우리 애만 뒤처지는 것 같아 걱정도 앞서고요.

한 가지 다행인 점은 문해력 발달은 다른 사람과의 비교가 별 의미 없다는 사실입니다. 발달 과정도, 모습도 저마다 너무 달라서 '이 길만이 정답이다!'라고 단언하기가 그 어떤 학습 영역보다 어렵거든요. 어떤 아이는 이야기책만 읽으면서 문해력을 꽃피우는가 하면, 어떤 아이는 짤막한 지식 텍스트만 읽고 문해력을 키워가기도 합니다. 또 어떤 아이는 책은 별로 읽지도 않는데 세상 구경만으로 문해력을 키워나가기도 하고요. 이런 아이들은 지나가는 사람들, 주위에서 벌어지는 일을 관찰하고 원인과 결과를 유추하며 문해력을 키우죠. 한편 뭐 하나 그냥 넘어가는 법 없이 꼬치꼬치 따지면서 문해력을 키우는 아이들도 있습니다. 이런 다양한 방법 중 뭐가 좋고 나쁜지 가려내기란 쉽지 않아요.

아이의 읽기 효능감을 높이고 읽기에 대한 부정적 태도를 없애기 위해, 일단 다른 집 아이들이 얼마만큼 잘 읽고 쓰는지 관심을 잠시 접는 게 좋습니다. 중요한 건 어제의 아이와 오늘의 아이가 어떻게 달라졌고 어떤 성장을 했느냐는 겁니다. 아이가 어제보다 오늘 조금 더 읽고 싶어 했다면, 조금 더 수월하게 읽었다면 그것으로 성공인 거예요.

그러니 입 꾹 닫고 있던 아이가 부모님이 묻지도 않았는데 좋으니 싫으니 등의 감상을 이야기한다면 '어마어마하게 성장했구나' 하고 기뻐해주세요. 이렇게 매일 조금씩 꾸준히 달라진 시간이 쌓이다 보면 아이는 어느 순간 '나도 이 정도는 읽을 줄 알지', '읽기가 싫은 것만은 아니야'라고 생각하게 됩니다. 이는 곧 읽기 성취로 이어지고요.

 아이의 사소한 '읽기 성장'을 세심하게 관찰하고 따스하게 반응해주세요. 아이가 자신의 성장을 스스로 발견해나가며 뿌듯해하도록 도와주는 것이 부모님이 해줄 수 있는 전부입니다.

아이가 책을 왜 읽어야 하냐고 묻는다면

아무리 아이들이라도 '이걸 읽어서 뭐 해?'라는 생각이 들면 책을 펼치려 들지 않습니다. 이런 모습은 아이들 머리가 굵어지면서 더욱 뚜렷해지죠. 따라서 아이들이 '읽기 활동의 가치에 대해 어떻게 생각하는가?'를 점검해볼 필요가 있어요. 그 생각에 따라 방향을 잡아주는 게 중요합니다.

오른쪽에 보이는 체크리스트 중에서 세 가지 이상의 항목에 '그렇다'라고 대답했다면 아이가 읽기 목적에 대한 나름의 가치

읽기 목적 체크리스트

1. 책을 많이 읽으면 훌륭한 사람이 될 수 있다	☐
2. 책 읽기가 학교 공부에 도움이 된다	☐
3. 책을 읽으며 몰랐던 것을 배운다	☐
4. 책을 많이 읽으면 원하는 직업을 얻을 수 있다	☐
5. 관심 있는 분야를 더 깊이 알기 위해 책을 읽는다	☐

를 인지한다고 볼 수 있습니다. 만약 아이가 1·2·4 항목에 '그렇다'라고 대답했다면 왜 그렇게 생각하는지, 어떤 책을 읽으면 학교 공부에 도움이 될 것 같은지 이야기해보고 도서관이나 서점에 함께 가서 책을 찾아보세요. 책을 읽으면 원하는 직업을 얻을 수 있다고 대답한 아이들과는 나눌 이야기가 더 많습니다. 책을 읽는 것과 원하는 일을 할 수 있는 것은 어떤 관계가 있는지, 아이는 앞으로 어떤 일을 하고 싶은지, 그 일에 가까이 다가가려면 어떤 책을 읽어두는 게 도움이 될지 등 생각을 나누고 관련된 책을 찾아볼 수 있을 거예요.

만약 3번과 5번에 '그렇다'라고 대답했다면 '얻는 게 있는' 읽기를 하도록 유도하는 것이 좋습니다. 스케이트보드를 배우고 있다면 관련 기사나 책을 찾아 읽어보도록 하는 식으로 말이죠. 이런 아이에게는 '무엇을 읽으면 공부에 도움이 될까?'에 초점을 맞춘 도서보다 알고 싶어 하는 내용을 더 깊이 알아가게 해주는 책을 제안하는 것이 효과적입니다.

아이가 자신이 어떤 것에 관심 있는지 잘 모르겠다고 하면 다양한 분야의 지식이나 기사를 담은 책의 차례부터 읽게 해주세요. 차례를 보면서 관심이 가는 부분을 중심으로 읽어보는 겁니다. 이때는 완독하지 않아도 되고 필요한 부분, 관심 있는 부분부터 펼쳐 조금이라도 읽어보면 그것으로 충분합니다. 중요한 것은 '아, 이걸 알게 됐네'라는 뿌듯함이 아이 마음을 스쳐 가는 기회를 반복적으로 경험하는 것입니다.

무궁무진한 생각을 끄집어내는 '말풍선 달기'

앞에서 저학년 때부터 책에 밑줄을 긋거나 동그라미, 물음표, 느낌표 등을 표시해보는 것은 매우 효과적인 '깊이 읽기' 방법이라고 말씀드렸는데, 고학년이 되면 주석 달기 수준도 향상시키는 것이 좋습니다. 초등 4학년은 쓰기 및 분석적인 읽기와 관련해서 한 차례 큰 성장을 이루는 시기입니다. 따라서 4학년이 되면 주요 문장에 밑줄을 긋고 새롭게 알게 된 내용이나 궁금한 부분에 표시하는 것뿐만 아니라 여백에 자기 생각, 더 알고 싶은 것, 이상하다고 생각되는 부분, 기타 질문거리를 문장으로 써보는 게 효과적입니다. 더 나아가 5~6학년이 되면 지금 읽은 텍스트와 관련해 내가 알고 있는 것, 전에 읽었던 비슷한 내용을 떠올려 여백에 써보는 것도 큰 도움이 됩니다.

학부모와 아이가 함께 참여하는 문해력 강연에서 밑줄도 긋고 말풍선에 질문도 직접 써보게 할 때가 있어요. 아이들이 즉석에서 쓴 질문을 볼 때마다 놀라곤 합니다. 허를 찌르는 질문, 재기 발랄한 질문이 순식간에 쏟아져 나오거든요. 저자인 제가 쓰면서도 미처 떠올리지 못한 생각을 아이들은 말풍선 달기를 통해 글에서 끄집어내더군요.

아이들이 머릿속에서 나갈 기회만 잠자코 기다리고 있는 무궁무진한 생각을 꺼낼 수 있어야 합니다. 글을 읽고 말풍선을 달아보는 활동은 생각의 깊이를 어마어마하게 키워줍니다. 특히 말풍선 달기는 짧은 글 읽기에 더욱 좋아요. 말풍선 달기가 습관이 된 아이들은 시간이 지나면 여백과 연필이 없어도 머릿속으로 자기도 모르는 사이에 질문을 쏟아내게 됩니다. 아이들이 말풍선을 머릿속에서 자유자재로 그려낼 수 있도록, 깊이 읽고 분석하고 생각할 기회를 주세요.

머릿속 지식 조각을 잇는
촘촘한 '읽기 그물' 만들기

자녀가 책을 곧잘 읽는다 싶은 부모님들이라면 지금부터 드리는 말씀에 주의를 기울여주세요. 저는 책 잘 읽는 아이들은 '읽기 그물'을 만들어나가라고 말하곤 합니다. 읽기 그물이란 책을 읽고 새롭게 알게 된 내용을 기존 배경지식과 촘촘하게 연결해두는 것을 말해요. 책을 읽으면서 얻은 정보의 조각을 제각각 늘어놓고 끝나는 게 아니라 새로운 정보가 들어오면 한번 생각해보는 겁니다. '이것과 비슷한 것 중에 내가 알고 있는 게 있나?'

하고요. 이 질문을 던지는 것만으로도 머릿속은 분주해집니다. 전에 어디선가 들은 것, 본 것, 읽은 것 중에서 비슷한 게 있었는지 열심히 검색하며 마치 그물을 짜듯 앎의 연결망을 조밀하게 만들어갑니다.

읽기 그물을 엮어가는 법을 아는 아이와 그렇지 않은 아이의 차이는 극명합니다. 예를 들어 '스위스 빙하가 녹고 있다'에 대한 글을 읽었다고 가정해보겠습니다. 읽기 그물을 만드는 아이는 그 글에 나온 '빙하', '지구온난화', '탄소 배출' 등의 키워드를 보고 이런 생각을 할 거예요.

> '지구온난화라고 하니 생각나네. 전에 지구온난화 때문에 해수면이 상승해서 해운대가 사라질지도 모른다는 내용의 기사를 읽었지.'

아이는 머릿속에 있던 해수면 상승을 지구온난화나 탄소 배출과 연결할 거예요. 그러다가 며칠 뒤 페트병으로 옷을 만들 수 있다는 기사를 읽고서는 페트병 옷도 자신만의 읽기 그물에 추가하는 거죠. 만약 읽기 그물을 만들 줄 모르는 아이라면 어떨까요? 똑같이 스위스 빙하 관련 글을 읽었다고 해도 '아, 그렇구나' 하고 끝나버리고 맙니다. 새로운 것을 알게 되어도 엮어

내지 못하니, 지식 조각은 머릿속에서 외떨어져 굴러다니다 쓸쓸하게 퇴장하고 마는 거죠. 읽기 그물을 만드는 법은 간단합니다. 아래 다섯 가지 질문을 통해 생각을 불러내보세요.

읽기 그물 만드는 5단계

1. 글 속 키워드 찾아보기
2. 키워드와 관련해 알고 있는 정보를 떠올려보기
3. 내 주변에 키워드와 관련된 일이 있는지 생각해보기
4. 반대되는 내용 떠올려보기
5. 떠올린 내용을 간단하게 메모해두기

촘촘한 읽기 그물은 새롭게 들어오는 지식이 쉽사리 튕겨 나가지 않게 합니다. 어떻게든 연결해서 머릿속에 자리 잡고 눌러앉게 해주죠. '이거하고 비슷한 게 뭐가 있었더라?', '내가 알고 있는 것과 뭐가 다르지?' 등의 질문을 스스로 해보는 것만으로 머릿속에는 읽기 그물이 만들어집니다. 조밀하게 엮인 읽기 그물을 펼쳐 아이들이 책 속 물고기를 양껏 잡을 수 있도록 도와줘야겠습니다.

바쁜 학기 중에는
하루 10분 '짧고 굵게 자주' 읽기

중학생이 되면 책을 아예 읽지 않는 '책맹 독자'가 무려 54퍼센트에 이른다는 보고가 있습니다. 일주일에 한 번 읽는다는 학생은 64퍼센트고요. 절반 이상의 아이들이 손에서 책을 놓는다는 이야기입니다. 걱정되는 결과가 아닐 수 없습니다.

그런데 최근 연구에 따르면, 책 읽는 양이 실질적인 읽기 능력 향상으로 '반드시' 이어지지 않는 것으로 나타났어요. 부모님들에게는 내심 반가운 소식이죠. 물론 그렇다고 책을 안 읽어도 된다는 말은 아니지만요. 이 연구 결과는 스토리만 성급하게 훑고 가는 수박 겉핥기식 읽기가 문해력 향상에 별 도움이 안 된다는 사실을 의미합니다. 추론이나 비판적 사고를 포함하지 않은 읽기는 양을 아무리 늘린다 해도 실질적인 읽기 능력 향상을 보장하진 않는다는 것이죠.

많은 책을 깊이 있게 읽는 게 가장 이상적이겠지만, 이것이 현실적으로 어렵다면 '짧고, 굵게, 자주' 읽기를 추천합니다. 고학년 아이들에게 이 방식은 문해력 가뭄 속 읽기 단비가 되어줄 거예요.

파고드는 힘을 기르기에 효과적인 짧은 글

긴 글 읽기에 비하면 짧은 글 읽기는 시시하게 생각될 때가 있어요. 그런데 정독하는 힘을 길러주거나 깊이 읽기를 유도할 때는 긴 글보다 오히려 짧은 지문이 효과적이라는 사실, 아시나요? 짧은 글의 의미를 깊이 파헤치는 기술을 가르칠 때는 술술 읽히는 글보다 난도가 좀 높은 글을 선택하는 게 좋습니다. 쉬운 글을 읽으면 도전 의식이 생기지 않는 데다 깊숙이 파고 들어가 생각할 거리도 없거든요.

혹시 아이가 읽기 싫어한다면 부모와 함께 시도해도 좋습니다. 짧고 굵게 읽고 끝낼 수 있는 분량의 글이니 부모님도 부담 없이 아이와 함께 읽을 수 있을 거예요. 더불어 깊은 읽기를 이끌기 위해 다음 질문을 해볼 수 있습니다.

깊이 읽기를 이끌어내는 질문

- 이게 무슨 뜻일까?
- 이해가 안 가는 부분이 있어?
- 이것을 왜 이렇게 설명했을까?
- 이 내용을 왜 여기 써두었을까?
- 네 생각과 다른 내용이 있었어?

질문에 답하기 어려워 아이가 우물우물할 수도 있을 거예요. 이때 "제대로 읽은 거 맞아?"라거나 "여기 있잖아, 여기!"처럼 다그치지 말고, "다시 읽고 찾아보면 되지!" 하며 다시 한번 읽어보도록 적극적으로 이끌어주세요. 진짜 깊이 읽기는 되돌아가 다시 읽는 과정에서 시작됩니다. 아이가 답을 찾았다면, 글에서 그 근거를 찾는 연습을 할 수 있도록 "그 내용이 어디 있었어?"라고 물어보고 확인해보는 것도 좋습니다.

생소한 내용을 사전 준비 없이 바로 읽는 것도 문해력을 짧고 굵게 키우는 방법 중 하나입니다. 가끔은 아무 설명 없이 정면 돌파하듯 읽게 하세요. 배경지식을 미리 공부하고 글을 읽는 데 지나치게 익숙해지면, 자칫 아는 부분만 쏙쏙 골라 읽는 '지식의 파편 읽기' 부작용이 나타날 수 있기 때문입니다.

'짧고, 굵게, 자주', 이 세 단어를 기억하며 매일 10분만 짧은 글을 깊이 읽는 시간을 가져보세요. 이것만 꾸준히 해도 아이의 문해력이 놀라울 만큼 성장할 수 있습니다.

포기하지 않고 읽는 훈련,
긴 호흡으로 한 권 읽기

하루 10분 짧고, 굵게, 자주 읽기로 아이의 읽기 근력을 길렀다면 이제는 좀 더 먼 거리를 가볼 시간입니다. 학기 중에 짧은 글을 통해 기능적인 읽기를 주로 했으니, 방학 때는 '여유 부리며 느끼고 사유하는 읽기'를 적극적으로 해보면 좋습니다. 책을 읽지 않았다면 결코 알 수 없었던 세계로 발을 내디뎌보는 시간을 갖는 거죠. 페이지를 넘기다 말고 머릿속에 장면도 그려보고, 등장인물을 따라 마음도 조릿조릿 졸여보고, '나도 저런 적이 있었지' 하며 기억을 더듬더듬 꺼내보기도 하고요. 숨 가쁘게 읽다가 멈추어 서서 곱씹기도 하고, 앞 장으로 되돌아가기도 하면서 오롯이 자기 선택에 따라 읽어보는 겁니다.

긴 호흡으로 한 권 읽기를 성공적으로 하는 데는 필요조건 두 가지가 있어요. 첫째는 되씹어 읽을 만한 가치가 있는 책이어야 한다는 것, 둘째는 아이 스스로 책 선택권을 가졌다는 느낌을 받아야 한다는 것입니다.

다양한 고전에 도전하기 좋은 방학 기간

고학년 방학 때 한두 번쯤 읽어봐야 할 책이 뭘까요? 바로 고전입니다. 고리타분하게 느껴지겠지만 고전을 통해서만 얻을 수 있는 해석 능력이나 사고력이 있거든요. 무슨 고전을 선택해 읽게 해야 할지 모르겠다면, 시공 주니어의 『네버랜드 클래식』이나 『비룡소 클래식』 시리즈를 참고하는 것도 좋습니다. 이 시리즈에 포함된 여러 작품 제목을 아이에게 보여준 뒤, 아이가 직접 고르게 하는 겁니다.

그런데 고전 책을 고를 때 주의해야 할 점이 있어요. 책에 '생각해볼 문제'나 '논술 문제'가 지나치게 많이 실린 책은 가급

적 피하는 것이 좋습니다. 긴 호흡으로 한 권 읽기의 핵심은 문학 읽기 자체에만 오롯이 집중할 수 있는 시간을 주는 것, 즉 학습을 끼워 넣지 않는 것입니다.

해외 고전 문학작품뿐만 아니라 20세기 이후의 한국 현대문학도 방학을 이용해 읽어봄직합니다. 6학년 정도 되면 아이들은 『운수 좋은 날』, 『메밀꽃 필 무렵』 등 현대문학을 의외로 재미있게 읽거든요. 책에 쓰인 사투리나 시대적 표현, 낯선 어휘에 호기심을 느끼고 당시 시대상에 자연스럽게 눈뜨게 되고요. 아이 스스로 초기 한국 현대문학을 접하기는 어려운 만큼, 부모님이 다양한 작품을 소개하고 알려주세요. 진입 장벽이 비교적 낮은 『소나기』 같은 작품부터 읽어나가면 됩니다.

책 좀 읽는다는 아이라면 '벽돌 책 깨기'를

만약 아이가 '나 책 좀 읽는다'라는 자부심이 있는 고학년이라면 방학을 이용해 『곰브리치 세계사』나 『소피의 세계』 같은 책을 선정해 '벽돌 책 깨기'를 해보는 것도 추천합니다. 사실 이런 책들은 두께도 두께지만, 수준도 상당해서 아무리 읽기 능력이 뛰어난 어린이 독자라도 책 내용을 온전히 이해하지는 못합니다.

그럼에도 벽돌 책 읽기에 도전하는 이유는 새로운 것을 더 많이 알기 위해서라기보다, 이해되지 않아 답답한 상태를 견디면서 계속 읽어가는 힘을 키워주기 위해서예요. 아이들은 앞으로 생전 처음 보는 내용의 글을 수없이 읽게 될 겁니다. 이때 불확실함과 불편함을 견디는 힘이 없는 아이들은 이해 가지 않는 상태를 참지 못해 읽기 자체를 피하거나, 아는 부분만 쏙쏙 골라 오독할 확률이 높습니다.

읽기 능력이 어느 정도 수준으로 올라선 아이들에게 벽돌 책 읽기는 지적 인내심을 늘려가며 '읽는 힘'을 키워줍니다. 또 아이들은 읽은 페이지가 하나둘 쌓여가는 것을 보면서 성취감을 느낍니다. '와, 이렇게 어려워 보이는 책을 100페이지나 읽었네!' 하고요.

아이가 한 권의 책을 긴 호흡으로 읽는 내내 칭찬과 격려의 추임새를 아낌없이 넣어주세요. "기특해라, 이거 엄마는 중학교 때 읽은 소설인데," "만만치 않은 책을 이만큼이나 읽었네!", "이 책이 무슨 내용이야? 아빠도 너한테 배울 수 있겠다" 등의 말이면 충분합니다.

앞에서 말씀드린 학기 중 '짧고 굵게 자주 읽기'와 방학 중 '긴 호흡 읽기'를 통해 아이의 읽기 근육을 골고루 키워주세요.

짧은 글을 깊이 읽거나 한 권의 책을 긴 호흡으로 완주하는 모든 순간이 아이의 책 읽기 감각을 한 단계 훌쩍 올려놓을 것입니다.

남학생 vs 여학생,
흥미를 느끼는 읽기 방식이 달라요

"우리 아들이 책 읽는 모습을 본 지 오래됐어요."
"읽으라고 해도 못 들은 척할 때가 많아요."
"읽긴 하는데 이해는 하는 건지 잘 모르겠어요."
"책은 거들떠도 안 보는 나무늘보 같은 아들 모습이 서글프네요."

책 읽기와 관련해 이런 말을 안 해본 '아들' 부모님은 드물 겁니다. 책을 안 읽으려고 하는 남자아이들이 그만큼 많으니까요. 한 가지 위로 아닌 위로의 말씀을 드리면, 책을 덜 읽고 읽기 능력이 떨어지는 건 비단 우리 집 아들만의 이야기가 아니라는 거예요. 다행히(?) 전 세계적으로 남학생이 여학생보다 독서를 더 싫어한다는 조사 결과가 여럿 있습니다. 읽기 영역에서 성별 격차가 벌어지는 현상에 대한 국내외 수많은 연구도 이어져왔고요. 미국, 영국, 호주, 캐나다 등 선진국에서는 학업 평가 결과 하위권에서 남학생 비중이 여학생보다 높았고, 최하위권은 대부분 남학생인 것으로 나타났습니다.

한국도 이들 나라와 비슷한 현상을 보입니다. 국제 학업 성취도 평가(PISA) 검사 결과에서 한국 남녀 학생의 읽기 점수 격차가 점점 더 벌어지는 것으로 보고되고 있거든요. 2000년에는 별 차이 없던 읽기 성취의 성별 격차가 2015년에는 41점으로 벌어졌습니다.

물론 모든 남학생이 책을 안 읽는다든가 읽기 능력이 떨어지는 건 아니에요. 상위 여학생의 읽기 성취와 유사한 수준을 유지하는 우수한 남학생도 많습니다. 문제는 '중간층'이 없다는 거예요. 초등 고학년과 중학교 남학생들의 경우 읽기 성취에서 양극화가 두드러집니다. 최하위 집단을 들여다보면 남학생 비율이 상당히 높은 데다, 이 학생들은 사실 확인에 해당하는 기본 독해에도 어려움을 겪곤 합니다. 남자아이들이 최하 읽기 집단으로 우르르 미끄러지지 않도록 어른들이 단단히 손을 잡아주어야겠습니다.

정적인 독후 활동보다
떠들썩한 그룹 활동을 좋아하는 남자아이

남학생들은 대체로 소설 같은 허구적 텍스트보다 정보성 텍스트를 선호합니다. 영국에서 7~9세 남자아이들을 대상으로 '책 꾸러미 프로젝트'를 실시한 적이 있습니다. 7~9세부터 남자아이들의 읽기 태도가 부정적으로 변한다는 사실에 근거해, 긍정적인 독서 태도와 습관 형성을 위해 시작되었죠. 이 프로젝트에서는 남자아이들이 관심을 보일 만한 주제의 책과 이와 관련된 낱말 찾기, 게임 활동, 장난감으로 구성된 꾸러미를 제공했어요. 이를테면 신체를 설명하는 책과 신체 모형을 만들어보는 활동, 건강에 도움이 되는 운동기구를 고안해내는 활동, 낱말 찾기 활동 등이 꾸러미에 포함되어 있었죠. 당시 이 책 읽기 활동은 아이들과 학부모들에게 굉장히 뜨거운 호응을 얻었다고 합니다.

실제로 남학생들은 가만히 앉아서 읽기만 하는 정적인 독서 활동보다 신체 활동과 더불어 읽은 것을 직접 적용해보는 동적인 활동을 즐긴다는 연구 결과가 있어요. 학년이 올라갈수록 정적인 독서 활동을 여성적인 것으로 인식해 혼자서 책 읽기는 꺼리는 반면, 읽은 후 퀴즈를 풀고 정답을 빨리 맞히는 등의 경쟁적인 활동에 대한 욕구는 커집니다.

저는 남자아이들의 이 같은 성향을 책 읽기에 활용해보라고 말씀드리곤 합니다. 흥미로운 정보성 지문을 읽은 후 부모님이 OX 퀴즈를 내거나, 지문에 나온 단어 알아맞히기 게임을 하며 동적인 책 읽기를 경험하게 하는 거죠. 영국 책 꾸러미 프로젝트에서 운동기구를 고안했던 것처럼, 읽은 내용을 바탕으로 무언가 설계해보거나 직접 만들어보는 활동을 하는 것도 효과적입니다. 또 책을 읽고 알게 된 내용을 바탕으로 부모님에게 직접 퀴즈를 내보라고 하거나, 책에 나온 개념을 마음껏 잘난 척하며 설명하게 하는 것도 좋습니다. 주말에는 책도 읽고 신체 활동도 할 수 있는 도서관에 가보는 것을 추천합니다.

책 읽기 힘들어하는 남자아이라면 혼자 책을 읽고 조용히 글을 쓰는 개인적인 독후 활동보다 부모님과 형제자매가 함께 참여하는 '읽고 퀴즈 맞히기'를 적극적으로 하게 해보세요. 경쟁을 통한 짜릿함, 주도성을 갖고 무언가 스스로 만들어냈다는 성취감을 느낄 수 있을 겁니다.

아이의 독서 주도권을 지켜주세요

남학생은 여학생보다 읽기 능력을 키우기가 좀 더 까다롭습니다. 남학생은 읽기에서 자신의 선택권과 주도권을 비교적 중요하게 여기기 때문에 단순히 많이 읽힌다고 읽기 능력이 향상되는 건 아니거든요. 남자아이들은 자신이 선호하는 책을 자기 방식대로 읽어야 읽기 능력이 향상된다는 연구 결과도 이를 뒷받침하고요.

따라서 책을 읽고 나서 "어떤 느낌이 들었어?", "네가 주인공이었다면 어떨 것 같아?" 같은 질문으로 반응을 유도하며 아이 독서에 개입하는 일은 최소화하는 게 좋습니다. 주인공의 감정에 공감이 안 되는데 계속 물으면 아이는 정작 자기가 중요하게 여긴 부분은 무시당했다는 느낌을 받을 수 있어요. 독서 후 감정과 느낌을 나누는 일은 매우 의미 있는 과정이지만, 그렇다고 모두에게 유용한 것은 아니라는 점을 기억해주세요.

스토리가 입체적인 장르 소설도 좋아요

한 연구에 따르면 여학생은 소설책을, 남학생은 만화책을 선호하는 것으로 나타났다고 합니다. 여기서 소설책은 읽기 능력을 상당히 키워주지만, 만화책은 읽기 능력에 별 영향을 미치지 못한 것으로 나타났어요. 읽기 능력을 향상시키기 위해 남자아이들에게도 소설책을 읽혀야 할 텐데, 이 아이들이 관심을 가질 만한 이야기책은 어떤 것일까요?

남자아이들은 즉각적인 감정 자극을 주는 내용이나 남성 주인공이 등장하는 이야기에 주의를 기울이는 경향이 있어요. 만약 아이가 일반적인 소설책에 별다른 관심을 보이지 않는다면, 영웅 서사가 담긴 고전과 추리, 스릴러, 공포, 과학, 판타지 같은 장르 소설을 권해도 좋습니다.

공감과 위로가 필요할 땐
검증된 청소년 문학을

결론부터 말하자면 남학생과 달리 여학생은 읽기 빈도와 읽기 능력 간에 밀접한 관계를 보입니다. 여학생은 책을 자주 읽어야 읽기 능력을 기를 가능성이 높아요. 읽기 빈도를 높이기 위해서는 읽기 동기가 뒷받침되어야 합니다. 읽기 동기가 높을수록 자주 읽는 습관을 기를 수 있고, 읽기 능력에도 긍정적인 영향을 미칩니다. 읽기 능력이 높아지면 읽기에 대한 부담이 줄어드니, 더 읽고 싶어지면서 새로운 읽기 동기가 생기는 선순환이 나타나고요.

문제는 책을 잘 읽던 여자아이들도 고학년이 되면 책을 멀리할 때가 온다는 것입니다. 이때는 다양한 책을 읽혀야 한다는 욕심은 거두고 오로지 아이의 관심사에 집중하는 게 좋습니다. 안 읽는다고 마냥 쉬어 가면 기껏 잡아둔 독서 습관이 흐트러지기 쉽겠죠. 이 경우 독서 흐름이 끊어지지 않도록 관심 있는 책을 조금이라도 읽으며 읽기 빈도를 유지해나가는 게 좋습니다.

무엇보다 고학년 여자아이들의 마음속은 꽤 소란스럽습니다. 나만 못생긴 것 같고, 친구들은 다 하는 SNS를 우리 엄마만 못하게 하는 것 같아 화가 나고, 내 친구가 다른 애와 더 친해져서 슬프고, 선생님이 나를 칭찬하지 않아 기운이 빠지고, 나는 못하는 게 너무 많고 등 마음이 흔들리는 이유는 수도 없이 많습니다.

이 마음을 부모나 친구가 다 헤아려준다면 좋겠지만 그럴 수는 없을 겁니다. 대신 어른도 문학으로 위로받고 힘을 얻듯, 이맘때 아이들에게 소설책은 커다란 위안이 될 수 있어요. 감사하게도 아이들의 마음을 세심하게 대변하고 도닥이는 양질의 청소년 문학책이 정말 많거든요. 책에서 공감을 얻고 위로받은 경험은 읽기를 다시 이어가게 하는 커다란 동기가 됩니다.

저는 문학동네, 창비, 사계절출판사의 청소년 문학을 추천하곤 합니다. 책 제목과 주제를 간단히 소개한 청소년 문고 목록을 보면서 아이가 직접 고르게 해보세요. 아이가 재미있게 읽었다면 부모님도 같은 책을 읽어보길 추천합니다. 그런 다음 아이가 책을 다 읽고 나서 어땠는지, 공감이 가는 등장인물이 있었는지 등을 가볍게 이야기 나눠보면 됩니다. 청소년 소설은 어른이 읽어도 무방한 수준인 데다, 아이 마음을 알아볼 수 있는 보너스 같은 기회가 되기도 합니다.

여자아이들은 자기감정에 대한 타인의 공감과 상호작용을 특히 중요하게 여깁니다. 따라서 책 내용이나 감정을 일방적으로 물어보기보다 공감 가는 장면과 인물, 전에 함께 경험한 것에 대한 이야기를 나눠보세요. 독서를 통해 아이의 감정을 이해하는 순간은 정서적 유대감을 단단히 쌓도록 도와줍니다. 그리고 이러한 순간은 다시 읽고 싶다는 강력한 읽기 동기가 되어 돌아올 겁니다.

성별보다 중요한 건 아이의 성향

　일반적인 경향에 따라 남학생과 여학생의 접근 방법을 나누어 설명했지만 이건 남학생에게만, 저건 여학생에게만 적용할 수 있다는 뜻은 아닙니다. 아이들의 성향은 놀라우리만치 제각각이에요. 지금까지 소개한 내용은 남학생과 여학생에게 일반적으로 적용하기 좋은 방법일 뿐입니다.

　따라서 이 모든 방법을 성별에 관계없이 두루 적용해보는 것을 추천합니다. 어떤 아이는 제가 제안한 책 종류와 읽기 방식에 모두 즐겁게 동참할 것이고, 어떤 여학생은 남학생에게 추천하는 방법이 더 잘 맞을 수도 있을 겁니다. 모든 경우의 수를 열어둔 채 열린 마음으로 시도해보며 자녀가 특히 잘 따르는 방법을 찾아나가시길 바랍니다.

4학년이라면 의미 없는 글쓰기는 이제 그만

초등 고학년 아이가 보는 교과서가 집에 있으면 한번 펼쳐보세요. 아마 깜짝 놀라실 거예요. '얘가 벌써 이런 걸 배울 만큼 컸나?' 싶을 정도로 어려운 내용에, 어휘 수준도 급격히 높아져 있거든요.

조금 겁나는 이야기지만 교과 내용이 어려워질수록 글쓰기 중요성은 학습에 점점 더 지대한 영향을 미칩니다. 연구자들은 초등 5학년 시기에 쓰기 능력을 제대로 확보하지 못하면 그 이후 학습 효과를 보장하기 어렵다고까지 주장합니다. 이러니 읽기에 비해 다소 등한시해온 쓰기 연습을 더 이상 미룰 수 없는 건 분명합니다. 힘찬 걸음을 내디디려는 순간에 쓰기 때문에 발목 잡히는 일은 없어야 하니까요.

아이들의 쓰기 능력은 초등 4학년을 맞이해 급격하게 발달합니다. 4학년쯤 되면 글을 쓸 때 '내용이 주제를 중심으로 의미상 관련 있게 연결되어야 한다', '글이란 처음-가운데-끝 같은 형식적 완결성을 띠어야 한다'라는 인식이 머릿속에 자리 잡아요. 글쓰기 분량도 이전 학년에 비해 대폭 늘고요. 이처럼 쓰기 발달이 양적, 질적인 면에서 폭발적으로 이루어지는 시기에 아이들이 어떤 글쓰기를 하는지 점검해볼 필요가 있습니다.

학년별 글쓰기 평균 분량

학년	설명 글	이야기 글
1	102글자(5.6문장)	165글자(9.7문장)
3	343글자(15문장)	466글자(26문장)
4	441글자(18.8문장)	614글자(31.6문장)

좋은 주제가 촘촘한 글을 이끌어냅니다

이맘때 아이들에게는 '어떤 쓰기 질문을 하느냐'가 무엇보다도 중요합니다. 양적, 질적인 쓰기 발달을 어느 정도 이룬 상태에서는 질문의 질에 따라 아이들의 쓰기 역량이 고무줄처럼 늘어났다 줄어들었다 하거든요. 예를 들어 아이들에게 '치킨이 좋은지 피자가 좋은지 둘 중 하나를 선택하고 그 이유를 쓰세요'라는 주제로 글을 써보게 했다고 합시다. 이런 질문은 어떤 쓰기 결과로 이어질까요? 5학년 하영이에게 글을 써보라고 했더니 이런 결과물을 내놓았습니다.

> 나는 치킨이 더 좋다. 왜냐하면 나는 치킨을 더 좋아하니까. 피자에는 내가 싫어하는 토핑이 많은데, 이걸 빼고 먹기가 귀찮다.

이런 질문에 '좋은' 답을 하려고 애쓰기란 쉽지 않은 일입니다. '나는 바삭한 걸 좋아해서 치킨을 더 좋아해'라는 한마디면 끝나는데 무슨 이유가 더 필요할까요. 물론 이유를 더 만들어내려면 만들어낼 순 있어요. '육즙 팡팡'이라거나 원래부터 닭고기를 좋아한다거나 치킨에는 다양한 맛이 있다는 쥐어짜기식 이유 말이죠.

그러나 근거나 이유의 개수를 늘리기 위해 의미 없는 대답을 강요하는 글쓰기는 아무 말 대잔치가 될 뿐입니다. 이런 글쓰기에서 아이들이 무엇을 얻을 수 있을까요? 머릿속에 떠오른 단순 연상적 대답을 써 내려가는 글쓰기는 초등 저학년 때 끝내도 충분합니다. 성의 없는 질문에는 장난 같은 대답이 이어지게 마련이고, 이런 글쓰기는 글씨 연습에 불과합니다.

이번에는 '일상생활에서 직접 느끼는 기후 위기는 무엇인가요? 기후변화에 대해 우리는 어떤 태도를 보여야 할까요?'라는 질문을 주고 글을 써보게 했습니다. 이번에도 역시 하영이의 쓰기 결과물입니다.

> 올여름은 역사상 가장 더운 해였다는 뉴스를 봤다. 내년에는 올해보다 더 더운 여름이 될 거라고 한다. 뜨거운 여름 햇살에 농작물은 피해를 입고, 과일과 채소 값도 오르고 있다. 반대로 겨울에는 추위가 심해지고 폭설로 교통이 마비되기도 한다. 춥지도 덥지도 않은 봄과 가을은 사라지고 폭염과 추위에 시달리는 날이 늘고 있다.
>
> 기후변화는 이제 우리 모두 느끼고 있다. 기후 위기가 우리 생활에 영향을 미치는 만큼, 기후 위기를 멈추기 위해 모두가 노

력해야 한다.

　질문만 달라졌을 뿐인데 아이가 두 번째 쓰기에서 더 진지하게 생각하고 노력한 흔적이 보입니다. 두 번째 글에서는 글의 구조를 생각하며 쓰려고 한 흔적이 엿보이고요.

　아이들은 무한한 지적 성장 가능성을 지니고 있어요. 그럼에도 어른들이 '뭐라도 쓰게 하자', '어떻게든 쓰게 하고 넘어가자'라는 하루살이식 목표 아래 의미 없는 질문에 맥락 없는 대답을 쓰게 하지는 않았는지 되돌아볼 필요가 있습니다.

　순간적으로 떠오르는 생각을 헐겁게 나열하게 내버려두면 아이들의 생각과 글쓰기는 딱 그 정도 수준에만 머무릅니다. 머릿속 가장 바깥문을 열면 나오는 생각을 주르륵 종이에 쏟아내는 데 그치지 않도록, 한 걸음 더 내디뎌 한층 깊은 사고의 문을 열 수 있도록, 아이가 찾아낸 생각을 촘촘하고 논리적으로 이어갈 수 있도록 이끌어줘야 합니다.

연결어미로 시작하는
단단한 문장 쓰기 연습

글을 쓰라는 말에 명치까지 답답함이 차오르는 이유는 '글'이라는 거대한 산을 한 번에 뚝딱 세워야 할 것 같은 느낌이 들어서일 겁니다. 어디서부터 뭘 시작해야 할지 모르겠는데 산을 만들어내라니 막막할 수밖에요.

보통 모국어 문장 쓰기 연습은 대수롭지 않게 여길 때가 많습니다. 그래서인지 고등학생이 되어서도 호응이 맞지 않거나 말이 안 되는 문장을 쓰는 경우가 수두룩해요. 엉뚱한 연결어미를 적어놓거나, 두루뭉술한 문장을 끝없이 연결해서 무슨 말인지 알 수 없는 문장을 쓰는 것은 요즘 대학생들 글쓰기 교양 수업에서도 흔히 보이는 현상이고요. 문장부터 흐물흐물하면 전체 글은 쌓아 올리기도 전에 무너지고 맙니다.

따라서 고학년부터는 단단하게 논리를 갖춘 문장 쓰기 연습을 해야 합니다. 먼저 연결어미로 문장 늘리기를 자주 연습하게 도와주세요. 연결어미를 사이에 두고 앞과 뒤를 논리적으로 연결해 나가는 연습은 글 전체를 매끄럽게 만드는 출발점이 됩니다.

글쓰기 연습에 유용한 연결어미

대등 연결어미	종속 연결어미
~고, ~으며, ~으나, ~뿐만 아니라, ~뿐더러, ~거니와	~면, ~으려고, ~도록, ~다가, ~니까 ~(으)므로 ~느라고, ~면, ~라면 ~거든, ~어(여)야, ~더라도 ~자, ~으면서 ~는 것을 보니, ~할 겸, ~는 김에 ~는 만큼, ~(으)ㄹ수록, ~은 채

집안에 화이트보드가 있다면 위 연결어미 중 하나를 써두고, 오고 가며 연결어미를 이용해 문장을 하나씩 써보게 하세요. 중학년 이상이 된 형제자매가 있다면 함께 해봐도 좋습니다. 화이트보드가 없다면 공책을 준비해 차례대로 하나씩 써보면 됩니다. 한 문장씩 쓰는 거라 큰 부담이 없지만 효과는 상당합니다. 단어를 조합해 올바른 문장을 만드는 규칙에 대한 통사적 감을 자연스럽게 익힐 수 있을 뿐만 아니라 '생각이 떠오르긴 하는데 이걸 어떻게 표현해야 하지?' 같은 고질적인 쓰기의 어려움을 한층 덜 수 있을 거예요.

별것 아닌 것 같지만 정말 중요한
접속사 제대로 쓰기

　아이들 글을 읽다 보면 숨이 가빠올 때가 종종 있어요. 한 문장 끝나기가 무섭게 '그리고, 그래서, 하지만'으로 이루어진 접속사 삼총사가 끝없이 나오거든요. 어른들의 글이라고 해서 다를 건 없습니다. 접속사* 그거 제대로 쓰는 게 뭐 그리 어렵나 싶지만, '한편'을 남발한다거나 맥락에 맞지 않은 엉뚱한 접속

* 견해에 따라 접속사를 칭하는 용어가 다양하나, 이 책에서는 편의상 접속사로 통칭해 사용합니다.

사가 난데없이 등장해 이해를 방해할 때가 종종 있어요.

적절한 접속사 사용은 문장과 문장을 단단하게 이어주며 의미를 논리적으로 연결합니다. 접속사 삼총사 외에도 쓸 수 있는 접속사는 다양하다는 것, 어떤 접속사를 쓰는지에 따라 '글의 맛'이 달라진다는 것, 접속사를 제대로 써야 문장과 문장의 의미 구성을 매끄럽게 할 수 있다는 것만 제대로 알아도 아이의 글은 한결 더 정돈될 겁니다.

접속사 훈련 방법은 간단합니다. 먼저 아무런 정보 없이 접속사만 덜렁 주고 두 문장 이상 써보라고 하세요. "오늘의 접속

접속사 '그러자'로 문장 쓰기 연습 예시

1) 두 문장 만들기

　①비가 갑자기 쏟아졌다. 그러자 ②사람들이 비를 피하려고 가게 안으로 들어갔다.

2) 세 문장 만들기

　①쉬는 시간 종이 울렸다. 그러자 ②반 아이들이 교실 밖으로 뛰어나왔다. ③한꺼번에 나오는 바람에 넘어지는 아이들도 있었다.

다양한 접속사

그러니까	즉	곧	이를테면	말하자면
예컨대	일례로	다만	특히	오직
적어도	결국	끝내	비로소	요약하면
한마디로	이처럼	실제로	당연히	어쨌든
아무튼	아무래도	그런데	또	또한
그리고	아울러	게다가	더욱	심지어
물론	마찬가지로	그러자	그렇지만	하지만
한편으론	반대로	차라리	오히려	도리어
그러면서	그러다가	우선	일단	나중에
그래도	하물며	따라서	그러므로	그리하여
그러기에	왜냐하면	그래야	하물며	

사는 '그러자'야. '그러자'로 이어지는 문장 두 개를 써보자!"라는 식으로요. 아이들에게 접속사를 활용해 문장을 쓰게 하면, 접속사의 뜻과 뉘앙스에서 새로운 의미를 떠올리고 그것을 논리적으로 연결해가려고 애쓰게 됩니다.

접속사 훈련은 쓰기뿐만 아니라 맥락을 이어가며 읽는 능력에도 영향을 줍니다. 이런 연습은 접속사를 허투루 보고 넘어가지 않게 콕 짚어 인지하게끔 하거든요. 글을 읽다 접속사가 눈에 딱 들어오는 순간, 빠른 속도로 다음 내용을 예측하기 시작하니 읽기에도 도움이 될 수밖에요.

하루에 하나씩 써볼 수 있는 접속사 목록을 보고 오늘부터 접속사 쓰기 연습을 시작하게 해주세요. 표에 제시된 접속사를 이용해 두 문장 이상으로 다 써봤다면, 그다음에는 세 문장 쓰기에 도전하게 해주세요.

같은 표현 반복하기, 어떻게 고칠까

다음은 5학년 학생이 쓴 글입니다.

강아지, 고양이 등 동물은 책임감 있게 키워야 한다. 책임감 있는 보호자가 되기 위해서는 사랑과 책임이 있는 사람이 되어야 한다. 사람 마음은 책임감이 있다. 이 책 주인공은 책임감 있는 보호자다. 나도 주인공처럼 되고 싶다. 그 이유는 주인공은 책임감이 있어서다. 이 책은 동물을 책임 있게 해야 한다는 내용이다.

이 글에서 가장 눈에 띄는 점은 바로 '책임'이라는 단어를 반복적으로 사용했다는 것입니다. 아이들의 글에서 가장 빈번하게 발견되는 오류 아닌 오류는 이처럼 같은 표현을 반복해서 쓴다는 거예요. 사실 이것은 아이들만의 문제는 아닙니다. 어른들도 글을 쓸 때 별 뜻 없이 썼던 말을 반복적으로 쓰곤 하죠. 같은 어휘가 여러 번 나오면 글은 굉장히 지루하고 성의 없어 보입니다. 했던 말을 또 하는 것 같아서 산만하게 느껴지고요.

아이가 자신이 쓴 글에서 같은 단어를 되풀이해 사용하지 않았는지, 같은 단어가 글에 몇 개나 들어 있는지 동그라미를 치며 표시해보도록 하세요. 그중 몇 개를 다른 말로 고칠 수 있을지도 생각해보고요. 스스로 얼마나 같은 단어를 쓰고 있는지 인지하는 것만으로도 쓰기 실력을 키우는 데 큰 도움이 됩니다.

고학년 글쓰기의 필수,
구조에 맞게 내용 조직하기

 다행히 글쓰기 능력은 아이가 성장함에 따라 점차 향상되어 갑니다. 머리가 커가면서 주제에 부합하는 내용을 어느 정도는 적절한 어휘로 표현할 줄 알게 되죠. 그런데 글쓰기에서 배우지 않고는 자연스럽게 늘지 않는 영역이 있습니다. 꾸준히 훈련하지 않으면 중학생, 아니 성인이 되어서도 못하는 그것은 바로 '구조에 맞게 내용을 조직하는 능력'이에요.
 고학년이 되면 대부분 글의 구조를 인식하고는 있지만, 내

용을 체계적으로 조직하고 단락을 제시하는 능력은 여전히 부족합니다. 그래서인지 이 시기 아이들의 글을 보면 하려는 말을 잔뜩 쓰긴 했는데, 도통 이해하기 어려울 때가 많아요. 이 내용 저 내용을 생각나는 대로 뒤죽박죽 구겨 넣어둔 탓일 겁니다. 실제로 아이들의 쓰기 능력 발달을 살펴본 한 연구에 따르면 '내용', '조직', '표현', '형식 및 표기' 영역 중 조직 영역의 점수가 가장 낮은 것으로 나타났다고 합니다.

구조에 맞게 내용을 조직해서 쓸 줄 아는 힘은 저절로 향상되는 것이 아닙니다. 물론 그렇다고 겁먹을 필요도 없습니다. 복잡하게 엉킨 생각을 독자가 알아보기 좋게 정돈해서 배열하는 것을 연습해나가면 의외로 가뿐하게 익힐 수 있으니까요.

도형으로 연습하는 텍스트 구조화

'텍스트 구조화'라는 말이 조금 어렵거나 낯설게 느껴질 수 있습니다. 텍스트 구조화란 정보가 어떤 연결 고리를 통해 결과에 이르는지, 해결책은 어떻게 제시되는지 도식으로 정리해 나타내는 것을 말해요.

텍스트 구조화를 글쓰기에 적용하기에 앞서 해야 할 것이 있어요. 남이 쓴 글을 읽고 텍스트 도식화를 여러 번 해보는 일입니다. '이 글은 이런 도형으로 정리할 수 있겠구나'를 느껴보며 맥락을 파악하는 거죠. 이 과정을 통해 좋은 글은 내용이 모래알처럼 흩어져 있지 않다는 것을 깨달을 수 있습니다. 도식화 연습은 책 한 권을 통으로 읽고 하긴 어렵기 때문에 짧은 신문기사 한 편이나 비문학 도서의 소주제 한 편, 혹은 국어 문제집의 지문을 이용하면 됩니다.

텍스트 도식화 연습에 유용한 대표적인 도식화 모형을 알려드릴게요. 233쪽부터 제시된 네 가지 유형을 A4 용지에 각각 크게 그려 벽에 붙여두세요. 아이가 짧은 글을 읽고 나면, 벽에 붙여둔 도식 유형 중 어떤 모양으로 글의 내용을 정리할 수 있을지 골라보게 합니다. 아이가 더 해볼 의지가 있는 듯 보이면 도형에 어떤 내용이 들어갈지 물어보세요. 써보면 더 좋겠지만 말로만 슬쩍 해보고 지나가도 됩니다. '이런 도형으로 내용을 정리해 썼구나'라고 알아차리기만 해도 큰 도움이 돼요. 물론 내용의 흐름이 제시된 도형에 꼭 들어맞지 않을 때도 많을 거예요. 그럴 때는 도형을 더 추가하거나 빼면서 수정해보세요.

현상과 의견

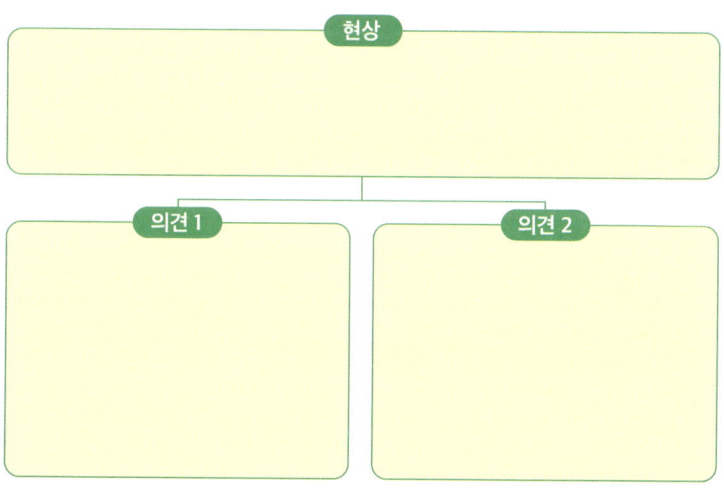

원인과 결과

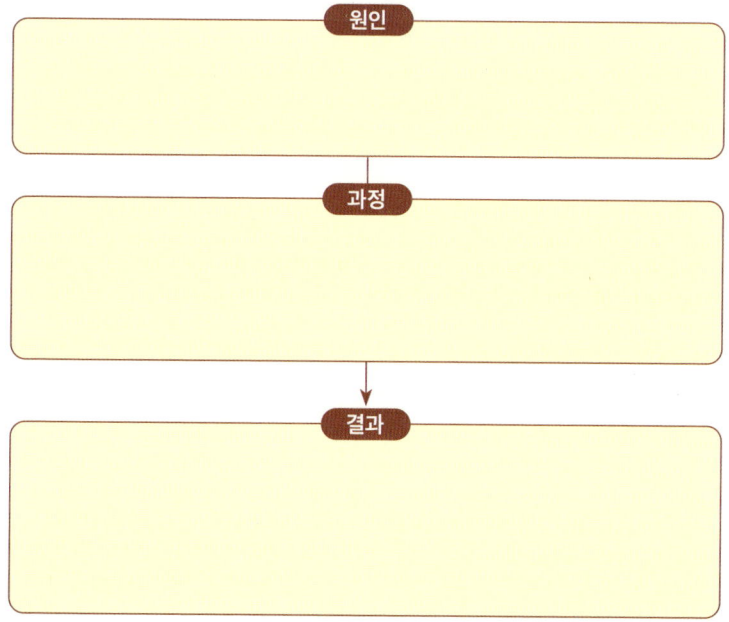

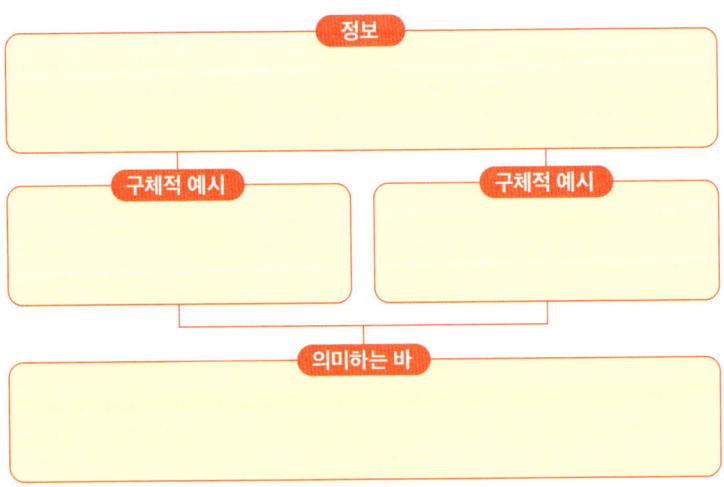

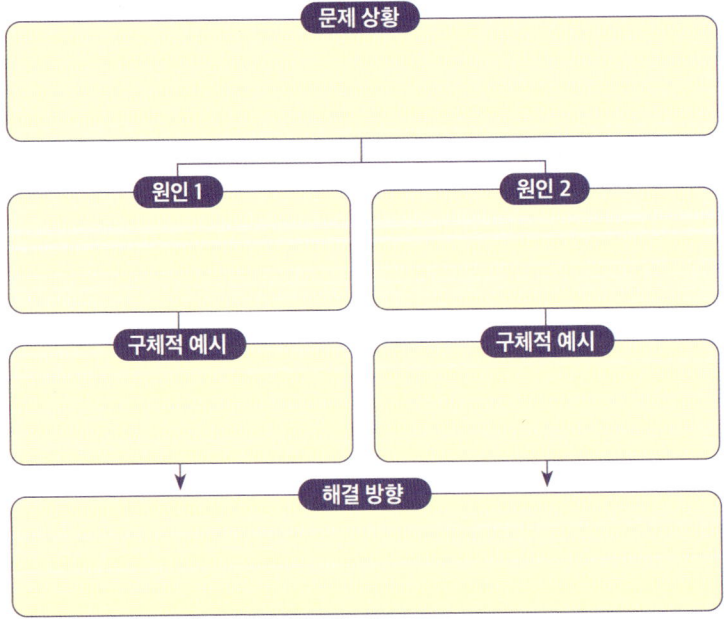

텍스트 구조화, 글쓰기에 이렇게 적용해요

읽은 글의 내용을 구조화를 통해 파악하는 데 익숙해졌다면, 이제 쓰기에 적용해볼 시간이에요. 익숙해질 때까지는 앞에서 제시한 기본 도식에 딱 떨어지는 내용을 넣은 글쓰기로 시작하는 게 좋습니다.

기본 도식에 꼭 들어맞는 글을 써볼 수 있는 쓰기 주제를 알려드릴게요. 먼저 다음 장에 제시된 주제 중 하나를 골라 쓸 내

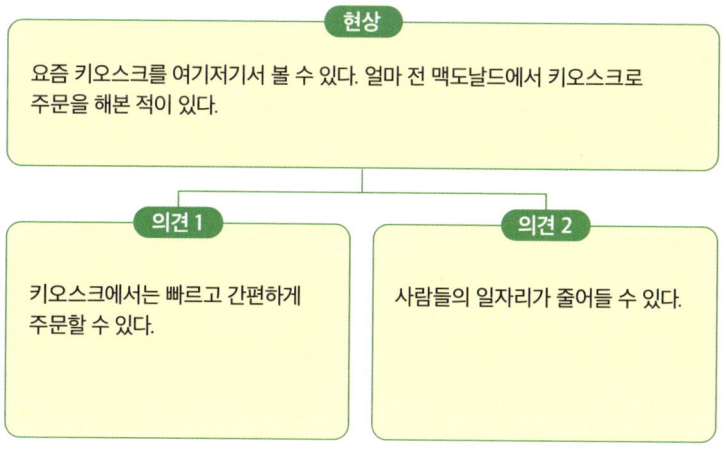

용을 대략 생각해봅니다. 예를 들어 '키오스크를 사용해본 적이 있나요? 키오스크의 장단점에는 어떤 것이 있을까요?'라는 주제로 써본다고 가정해보겠습니다. 먼저 아이들에게 키오스크가 뭔지, 어디서 사용해봤는지, 장단점은 무엇인지 적어보게 합

텍스트 구조화 연습을 위한 쓰기 주제

현상과 의견	정보의 소개
• 키오스크를 사용해본 적 있나요? 키오스크의 장단점에는 어떤 것이 있을까요? • 인구 절벽 현상은 무엇인지 설명하세요. 인구 절벽 현상에 대한 주변 사람들의 의견을 조사해 적어보세요.	• 기후 위기가 무엇인가요? 전 세계 곳곳에 어떤 기후변화가 나타나고 있는지 조사해 소개하세요. • 외래종에 대해 들어본 적이 있나요? 우리나라에는 어떤 외래종이 있나요? 외래종이 많아지면 어떤 일이 벌어질까요?
원인과 결과	**문제와 해결**
• 기온이 상승하면 물가에 어떤 영향을 미칠까요? 그것은 어떤 결과로 이어질까요? • 영상을 자주 보면 우리에게 어떤 일이 벌어질까요?	• 아이돌 가수들의 앨범 때문에 플라스틱 쓰레기가 크게 늘고 있어요. 이 문제를 어떻게 해결할 수 있을까요? • 10대의 SNS 활동에 대해 어떻게 생각하나요? 10대의 SNS 활동은 어떤 문제를 일으킬 수 있을까요? 또 이 문제를 어떻게 해결할 수 있을까요?

니다. 그런 다음 텍스트 구조화 도형에 아이들이 생각한 내용을 문장으로 적어봅니다.

도식 모형에 쓸 내용을 문장으로 써봤다면 이제 초안을 쓸 차례입니다. 도식에 쓴 문장에 구체적인 예시나 설명을 한두 문장 덧붙이면 됩니다. 앞서 연습한 연결어미나 접속사를 적절히 이용하는 것을 잊지 말고요.

텍스트 구조화 연습의 목적은 완벽한 글쓰기가 아닙니다. 아이의 글이 한눈에 펼쳐지듯 잘 정리되어 읽기 수월했다면, 논리 전개가 자연스러워 이해하기 쉬웠다면 그것으로 성공입니다. 그러니 문장이 좀 단조롭거나 어휘 혹은 맞춤법이 좀 서툴러도 신경 쓰지 마세요. 텍스트 구조화를 연습할 때는 자잘한 오류는 일단 덮어두고 구조가 단단한지만 살펴보면 됩니다. 구조를 잘 잡아 글을 쓰기 시작했다면, 이후에 적절하고 다양한 어휘를 선택하고 복잡한 문장 구조로 수정해나가면 돼요.

제시된 주제를 이용해 한 달에 두어 번은 텍스트 구조화 도형에 맞춰 글을 쓰게 지도해주세요. 논리적인 맥락을 쌓아가는 이 과정은 아이의 문해력에 상당한 조력자가 되어줍니다.

한 번의 제대로 된 글쓰기가
아이들을 성큼 자라게 합니다

제가 소장으로 있는 어린이언어연구소에서는 방학을 활용해 '똑똑한 초등 기자단' 활동을 진행하고 있어요. 기자단 어린이들은 한 달 반 동안 텍스트 구조화를 기반으로 한 편의 기사를 씁니다.

어린이 기자단의 기사를 첨삭하던 어느 날, 아주 흥미로운 점을 발견했어요. 기자단 활동에 두 번째로 참가하는 아이들의 글쓰기 실력이 고작 6개월 만에 눈에 띄게 향상된 것이 보였거든요. 사용하는 글자·문장·어절 수가 모두 눈에 띄게 느는 양적인 성장을 보였고, 글의 조직 또한 전에 비해 훨씬 더 단단해진 것을 확인할 수 있었어요. 아래 나오는 다연이의 첫 번째 글과 6개월 뒤에 쓴 두 번째 글을 비교해서 읽어보세요.

첫 번째 글

산리오 캐릭터는 요즘 사람들에게 사랑받는 캐릭터입니다. 요즘은 이런 굿즈를 사는 사람들이 점점 늘어나고 있습니다. 하지만 어떤 물건은 품질이 안 좋아, 좀 불편합니다. 제품의 품질 자체를 향상시키지 않는다면 사람들의 구매는 지속되지 않을 거예요. 그런데 산리오 같은 캐릭터는 여자들에게 유행하고 있어요.

두 번째 글

백제 사람들도 SNS를 했다고 생각하나요? 놀랍게도 현재 우리가 SNS에 자기 일상을 뽐내듯, 백제 사람들도 살아가는 이야기를 썼습니다. 백제 사람들은 목간에 일상의 일들을 썼다고 해요. 과거나 현재나 자기 일상을 뽐내고 싶은 마음은 같습니다. 하지만 백제 목간과 요즘 SNS 사이에는 차이점도 있습니다. 과거에는 구구단, 논어, 글쓰기 등 특별한 일만 목간에 적었습니다. 하지만 요즘은 평범한 일을 올립니다. '오늘 계란찜을 먹었다', '문방구에서 지우개를 샀다' 같은 이야기를 올릴 수 있답니다. 또 과거에는 쓰고 나서 한참 후에 공유할 수 있었지만 요즘은 실시간으로 확인할 수 있습니다.
이렇게 백제 목간과 현재 SNS는 다른 점도 있지만, 일상을 공유하고 자랑하고 싶은 마음은 과거나 지금이나 같습니다.

아이들은 대부분 처음 쓴 글에서 다연이처럼 생각과 의견을 별다른 근거 없이 툭 던지듯 써두었지만, 두 번째 글에서는 유사점과 차이점에 대한 근거를 비교적 자세히 서술하며 글의 균형을 맞추었습니다. 또 첫 번째 글에서는 글이 흐지부지 끝나버려 '글이 끝난 건가? 아니면 새로운 이야기가 시작되는 건가?' 하며 독자를 갸우뚱하게 했다면, 두 번째 글에서는 확실히 마무리 지으려 노력한 흔적이 여기저기 보이죠. '제 글 이제 시작합니다!', '자, 제 주장이 맞는다는 근거를 써볼게요!', '제 글 이제 끝납니다'라는 메시지를 명확하게 드러내려고 했고요.

기사 쓰기 과정이 끝난 후 설문 조사를 진행해봤더니, 공통적인 아이들의 반응은 이런 것이었어요.

"어려울 것 같았는데, 다 쓴 글을 보니 너무 뿌듯했어요."
"앞으로 글쓰기가 그렇게 부담스럽지 않을 것 같아요."
"이렇게 어려운 걸 썼으니 이제 뭐든 쓸 수 있을 것 같아요!"
"두 번째로 써보니 확실히 처음보다 더 잘 쓸 수 있었어요."

글쓰기 성공 경험이 아이들에게 미치는 영향은 생각보다 큽니다. 글쓰기 과정에 진지하게 임했다고 스스로 평가할 수 있을 때, 그 결과 한 편의 멋진 글을 완성했다 느껴질 때 생겨나는 뿌듯함이 아이들을 다음 글쓰기로 이끕니다. 제대로 된 글쓰기 과정을 여러 번 거칠수록 아이들은 인지적 여유가 점점 더 생겨 다음번 글쓰기에서는 근거도 하나 더 찾아보고, 서론이나 마무리 단락을 챙길 수 있어요.

고학년 자녀와 방학을 활용해 제대로 된 글쓰기를 해보세요. 주제는 아이의 요즘 관심사, 글쓰기 책에 나온 주제, 최근 이슈가 된 기사 내용 등 어떤 것이든 선택해도 좋습니다. 앞에서 소개한 텍스트 구조화 모형을 활용해 주제를 정리한 뒤 쓰게 합니다. 그런 다음에는 아이들에게 아래 체크리스트를 보며 점검하고 고칠 내용이 있는지 확인해보도록 이끌어주세요.

쓴 글 검토해보기 체크리스트

스스로 검토해보기	부족	보통	잘함
글을 흥미롭게 시작했다			
글을 뒷받침하는 예시나 근거를 충분히 썼다			
글을 마무리하는 문장을 썼다			
다양한 표현을 쓰려고 노력했다			
앞뒤 문장의 내용이 자연스럽게 연결됐다			

마지막으로 부모님이 할 일은 아이들의 글을 읽고 잘 쓴 부

분을 찾아내는 것입니다. 어떤 글에나 특유의 장점이 분명히 있습니다. 작고 사소한 것일지라도 아이의 글에서 장점을 찾고 온 마음을 담아 응원하고 칭찬해주세요. 이는 아이가 계속해서 글을 써 나가는 최고의 원동력이 될 것입니다.

잘 읽고 잘 쓰는 아이의 비결, '생각의 지도' 만들기

글을 다 읽고 책을 덮자마자 '내가 좀 전에 뭘 읽었지?' 하고 머릿속이 하얘진 것 같은 느낌이 들 때가 있어요. 의미를 묶어내지 못해 손가락 사이로 모래알이 빠져나가듯 책을 덮자 모든 게 흩어져버린 거예요. 지식의 파편이 손바닥에 남은 모래알 한두 개처럼 머릿속에 남긴 하겠지만, 구조적으로 연결되지 않은 정보는 결국 아무런 힘도 발휘하지 못한 채 사라지고 맙니다.

이런 맥락에서 저는 텍스트 구조화를 '꿩 먹고 알 먹기' 같은 일이라고 비유할 때가 많아요. 쓰기를 잘하려면 텍스트 구조화를 해야 한다고 말씀드렸는데, 반대로 텍스트 구조화를 하며 글을 몇 번 쓰다 보면 이 경험은 결국 든든한 읽기 능력이 되어 돌아오거든요.

글을 잘 쓰는 사람들은 대부분 잘 읽습니다. 글을 잘 쓴다는 것은 쓰려는 내용을 어디에 배열하고 배치해야 잘 전달될지 고민하고, 이를 구조화하려는 노력을 게을리하지 않는다는 뜻이에요. 이러한 노력은 타인이 쓴 글을 읽을 때도 머릿속에 글의 구조를 그려가며 읽는 습관으로 이어집니다.

텍스트 구조화 연습을 꾸준히 해나가다 보면 아이의 머릿속에 촘촘하고 논리적인 생각의 지도가 그려질 거예요. 연습을 거듭할수록 머릿속 논리의 집은 점점 더 견고해지고요. 그 결과 글의 의도를 정확히 파악할 뿐만 아니라, 자신만의 생각도 백지에 주저 없이 펼쳐낼 수 있게 될 거예요. 이처럼 텍스트 구조화는 쓰기뿐만 아니라 읽기 능력에도 강력하게 영향을 준다는 사실을 반드시 기억해주시기 바랍니다.

읽기만 하는 부모
vs
마음을 나누는 부모

"부모가 책 읽는 모습을 자주 보여주면 아이도 자연스럽게 책과 가까워진다."

이 흔하디흔한 말 역시 어디선가 한 번쯤은 들어보셨을 거예요. 다소 식상하게 들리지만, 가정의 문해 환경(집에 책이 얼마나 많은지, 부모가 책을 얼마나 많이 읽는지)이 아이들의 독서 동기와 몰입에 커다란 영향을 미친다는 건 부인하기 어려운 정설이 되었습니다. 집은 어쨌거나 아이가 태어나 처음으로 접하는 '최초의 글자 기반 세계'니까요.

그런데 이 이론에 따라 펼쳐져야 할 이상적인 장면이 저희 집에선 자꾸 엇나가더라고요. 저희 아이의 경우, 제가 책을 읽는다고 해서 쪼르르 옆에 와서 책을 읽진 않았어요. 안 읽는 것은 둘째 치고, 제가 잠시라도 책을 펼칠라치면 빛의 속도로 달려와 책을 옆으로 쓱 밀고선 이렇게 말했죠. "엄마, 지금 나랑 놀아줘!"

게다가 아이가 조금 자란 뒤로는 책 읽는 엄마의 모습에 무심해졌습니다. 매일 보는 흔한 장면이니 딱히 새롭게 느껴지거나 감화될 이유가 없는 거예요. 사춘기가 온 건가 싶던 어느 날에는 책 읽는 저를 보더니 "나는 엄마가 쇼츠도 보고, 영상도 보고 그랬으면 좋겠어"라고 말하며 쓱 지나가더군요.

개인적인 경험이라 일반화하긴 어렵겠지만, 제가 말씀드리고 싶은 것은 부모가 책 읽는 모습을 보여주는 것만으로 '모든' 아이들이 책을 좋아라 읽지는 않는다는 겁니다. 여기에는 강력한 읽기 동기가 되는 '이것'이 빠져 있기 때문이에요. '이것'은 다름 아닌 책을 매개로 한 상호작용입니다. 부모님이 아이와 같은 책을 읽지 않아도 괜찮아요. 각자 읽은 책 이야기를 꺼내고 서로의 생각에 귀 기울이기만 해도 됩니다. 핵심은 책을 매개로

'생각을 공유하는 시간'을 갖는 거예요.

"얼마 전에 엄마가 책을 읽었는데 말이야, 그 책에 이런 이야기가 나오더라? 들어볼래?"
"『귤의 맛』에 나오는 해인이 말이야, 나는 걔가 이해가 잘 안 돼. 왜 그러는 거야?"
"이런 해석은 굉장히 신선하네! 아빠는 그런 생각은 못했거든."

아이들은 부모가 자신을 어떤 사람으로 인식하는지에 따라 학습 동기, 효능감, 독서에 대한 몰입 수준이 크게 달라져요. 따라서 "책을 읽고 난 다음에 너와 이야기 나누는 게 참 재미있고 늘 새롭네"라고 말하며 아이를 한 명의 성숙한 독자로 인정하는 것이 중요합니다. 그러면 아이는 부모와 어깨를 나란히 할 수 있는 독자로서, 자신에 대한 기대와 신념을 곧바로 조정해나갑니다.

그러니 오늘부터 아이에게 따뜻한 문해력 후원자가 되어주세요. 문해력 후원자란 문해력 키우는 길을 열어주고 문해력의 성장을 묵묵히 지켜보며 응원하는 사람을 뜻합니다. 저학년 시기에는 부모가 독서 습관을 형성해주는 역할을 맡았다면, 이제는 한 권의 책을 사이에 두고 서로의 생각을 나누며 독자로서의 아이를 지지해주세요.

누구나 자기 말에 귀 기울이고 고개를 끄덕여주는 사람과는 다시 이야기 나누고 싶어집니다. 아이가 책에 대한 자기 생각을 진지하게 듣는 부모를 보며 자신이 존중받음을 느끼는 시간이 꽤 괜찮다는 느낌을, 한 번 더 해보고 싶다는 느낌을 자주 갖게 해주세요.

책을 매개로 아이와 마음을 공유할 시간은 아이의 성장과 더불어 점점 줄어듭니다. 문득 돌아보니 아이의 문해력 후원자로 지낼 수 있는 날은 찰나의 순간이었어요. 부디 이 뜻깊고 소중한 순간을 놓치지 않았으면 좋겠습니다. 자녀가 성숙한 독자로 자라날 수 있도록 곁에서 기꺼이 격려해주시기 바랍니다.

초등 4~6학년, 이것이 궁금해요!

Q. 시중에 나온 청소년 소설이 마음에 들지 않아요. 고전을 읽혀야 할까요?

요즘 아이들의 문해력이 떨어지는 만큼 일부 한국 청소년 소설의 문장이 다소 짧고 단조로워졌다는 생각이 들 때가 있습니다. 하지만 그렇다고 문해력에 별 도움이 되지 않는다는 걱정은 하지 않아도 됩니다. 등장인물과 사건의 첨예한 흐름을 놓치지 않고 따라가면서 자기 생각을 보태는 것만으로 아이들의 문해력이 자라나니까요.

그런데 가끔 문제가 생길 때가 있어요. 흥미진진한 내용이 비교적 단조로운 문장으로 전개되다 보면, 굵직한 사건을 징검

다리 삼아 건너뛰듯 소설을 읽게 된다는 거예요. 넷플릭스에서 드라마를 보다 다음 장면이 궁금해지면 10초 넘기기 버튼을 마구 누르게 되는 것처럼 말이죠. 문장이 단조롭다고 쉽게 볼 것이 아닌데, 일단 만만하게 여겨지니 다음 장면으로 그냥 건너가 버리는 겁니다. 심지어 좀 읽다가 맨 뒷장으로 가서 결말부터 보는 아이들도 있고요.

아무리 시대가 변했다고 해도 아이들이 가끔은 고전을 읽어야 하는 이유를 바로 여기서 찾을 수 있습니다. 고전은 메뚜기식 읽기를 방지하는 데 도움이 되거든요. 고전의 묵직한 문장은 독자를 잠시 멈춰 생각하게도 하고, 앞 장으로 되돌아가게도 하면서 진중한 읽기로 이끕니다.

그래서 저는 초등 중학년 이상이 되면 아이들에게 방학 중 고전 한두 권은 꼭 읽어보라고 권합니다. 두께가 주는 심리적인 압박감이 있다고 해도, 완독하지 못한다고 해도 괜찮습니다. 일부만 읽어보게 해도 좋습니다. 진중하고 무게감 느껴지는 문장이 담긴 책을 몇 페이지만이라도 읽어보는 것은 굉장히 귀중한 독서 경험이 됩니다.

Q. 국어 문제집, 언제부터 풀게 하면 좋을까요?

국어 문제집을 풀기 좋은 때가 딱 정해진 것은 아닙니다. 읽고 쓰고 어휘를 다지는 활동을 다양하게 하고 있다면 언제라도 재미 삼아(?) 국어 문제집을 풀어도 좋아요.

그런데 가끔 국어 문제집만 열심히 풀게 하면 아이가 국어 시험도 잘 보고, 국어 실력이 늘 거라 생각하는 부모님들이 있습니다. 물론 문제 유형을 익히고 문제 푸는 요령을 연습하는 것이 중요해지는 순간이 오지만, 이 기술을 초등학교 때부터 굳이 갈고닦을 필요는 없어요. 오히려 이 시기에 기계적으로 문제 풀고 맞히기를 반복하면서 얻는 것보다 잃는 게 더 많습니다. 선택형 문항이나 답이 정해진 서술형 문항을 어릴 때부터 너무 많이 접하면, 글에서 의미를 스스로 구성해나가기보다 자꾸 정해진 답을 찾아가는 방향으로 생각이 굳을 수 있기 때문이에요. 국어 문제집은 다양한 읽기 활동을 하고 있다는 전제하에, 원한다면 한두 권 정도 접해보면 충분합니다.

또 하나 조언을 드리자면, 문제를 몇 개 맞히고 틀렸는지보다는 국어 문제집에 실린 지문 자체에 더 집중하게 하면 좋겠습니다. 고학년용 국어 문제집에는 상당히 좋은 비문학 지문이 실려 있을 때가 많거든요. 대충 읽고 문제만 풀고 버리기엔 아까운 지문들입니다. 따라서 문제를 풀었다고 그냥 지나치지 말고, 이 지문들을 앞서 소개한 '짧고 굵게 읽기'에 활용해보세요. 지문을 읽고 밑줄도 그어보고 궁금한 것, 이상한 것, 생각나는 것을 깨알같이 적어가다 보면 문제만 풀고 지나쳤을 때와는 비교가 안 될 만큼 많은 것을 얻을 수 있을 겁니다.

Q. 통독 또는 완독을 해야만 문해력이 늘까요?

이 질문을 하시는 부모님이 의외로 많습니다. 읽고 있는 책을 완독하기 전에 또 다른 새로운 책을 읽어도 될까요, 안 될까요? 통독을 안 하면 문해력을 키울 수 없을까요?

정해진 답은 없습니다. 책을 읽는 상황과 방식은 저마다 달라서 '이건 맞고 저건 틀리다'라고 단정 지을 순 없어요. 통독해도 좋고, 이 책 읽다 말고 저 책을 읽어도 괜찮아요. 다만 아이들에게 통독을 강요하지 않으면 좋겠습니다. 한 권의 책을 읽기 시작했으니 반드시 끝을 봐야 한다는 식의 강요도요.

내용이 끊기든 말든 매일 읽을 분량을 정해놓고 부모님 뜻에 따라 몇 달에 걸쳐서라도 완독하게 하면, 아이들은 읽기를 시작하는 것조차 부담스러워합니다. 끝까지 꾸역꾸역 읽는다고 해도 장면 중심으로 대충 훑으며 정해진 읽기 양만 채우고 있을 거예요. 이런 식의 읽기 과정에 특별한 의미를 부여하긴 힘듭니다. 우리 아이들에게 필요한 통독 경험은 누가 시키지 않아도 스스로 원해서 끝까지 읽는 긍정적인 경험이 되어야 합니다.

아이가 한 권을 완독할 때도 있고, 읽다 말고 다른 책을 집어 들 때도 많을 거예요. 책 한 권을 끝까지 다 읽었다는 결과론적 경험보다 어떤 읽기 순간을 경험하고 통과했느냐에 초점을 맞춰주세요. 아이가 생각을 이어가며 이해하려는 노력을 들이는 순간을 경험했다면 어떤 방식의 독서를 했는지는 중요하지 않습니다.

PART 4

우리 아이 성향에 맞는
적합 도서 리스트

권장 도서 대신 '적합' 도서를
읽어야 하는 이유

'아이들이 어떤 책을 읽으면 좋을까?'

부모라면 누구나 한 번쯤 떠올려본 질문일 겁니다. 이 질문에 답을 찾기 위해 서점이나 도서관에 가서 이런저런 책을 직접 살펴보기도 하고, 베스트셀러 도서를 중심으로 검색도 하고, 뉴베리상이나 칼데콧상 같은 굵직한 아동문학상 수상작을 찾아보기도 하죠. 그런가 하면 기관의 추천 도서나 공부 잘하는 아이들이라면 꼭 읽는다는 '필독 도서'를 접하기도 했을 테고요. 그런데 위풍당당하게 쭉 늘어선 권장 도서 목록은 어쩐지 부모를 불안하게 합니다. 위화감이 느껴진다고 할까요? 반드시 읽어야 한다는데 제목만 대충 봐도 수준이 상당할 것처럼 느껴지는, 우리 애는 손도 못 댈 책이 다수니까요.

사실 권장 도서의 기준은 아이들의 성향이나 관심사보다 권하는 사람의 개인적 판단에 따른 경우가 많습니다. 이런 이유에서 저는 권장 도서 대신 '적합 도서'라는 말을 썼으면 좋겠어요. 살아가면서 어떤 목적을 이루기 위해 책을 반드시 읽어야 하는 때도 오겠지만, 아직은 아이들에게 필요에 의한 독서를 강요하고 싶지는 않기 때문입니다. 아이들의 수준과 성향, 흥미에 부합하는 적합 도서를 읽고, 질문도 하고, 생각도 나누면서 '아, 그렇구나' 하고 무릎을 치는 순간을 맞이해야 글을 계속 읽어가며 문해력을 키울 동력을 얻게 됩니다.

책을 읽는 순간 아이들이 보이는 반응은 제각각입니다. 기질도, 아이가 속한 가정의 문해 환경도, 흥미도 다 다르기 때문이에요. 당연하게도 아이들의 마음을 끄는 책도 저마다 다른 모습일 테고요. 이런 이유에서 책을 펼쳤을 때 아이들의 머릿속에 '아, 이건 내 마음에 쏙 들어! 비슷한 책이라면 또 읽어보고 싶은걸?' 하는 생각이 스쳐 가게 하려면 어떤 책과 만나는 게 좋을지 고민하며 적합 도서 목록을 추려보았습니다.

이 책에서 소개하는 적합 도서는 '이것을 읽어야만 아이의 국어 실력과 문해력이 자라서 공부를 잘하게 된다'라고 말하는 책이 아닙니다. 아이의 성향과 책을 읽을 때 보이는 반응을 중심으로 적합할 것으로 예상되는 책 목록이에요. 그러니 부담 갖지 말고 가벼운 마음으로 '우리 애가 책 읽을 때 어떤 반응을 보이더라?' 하고 생각해보세요. 취학 전부터 초등 저학년, 그리고 초등 고학년까지 자녀의 연령대와 읽기 수준, 성향과 기질에 맞는 책을 골라 천천히 함께 읽어나가길 바랍니다. 다시 강조하지만 아이가 적합 도서를 읽어가며 책에 대한 긍정적인 정서를 얻는 것이 가장 중요합니다.

취학 전,
이럴 때 이런 책

책 읽을 때 돌아다니는 아이를 위한 책

책 읽을 때 좀이 쑤셔 좀처럼 가만히 있지 못하는 아이들이 있습니다. 그렇다고 억지로 아이를 앉혀둘 수 없는 노릇이죠. 이 아이들을 위한 책은 없을까요? 이런 아이들이라면 가만히 듣고 있는 책 읽기 대신 뭐라도 함께 하는 활동이 담긴 책을 읽는 것이 좋겠죠. 반복적인 음률로 말맛 나는 단어를 재미나게 소리 내어 읽을 수 있는 말놀이 동시집을 적극적으로 활용해볼 수 있겠고, 따라 할 만한 동작이 많이 나오는 그림책을 골라도 좋습니다. 손뼉도 치고 소리도 질러보고 그림책에 나오는 동작도 따라 해보면서요. 이런 활동을 하기에 적합한 그림책을 소개해드립니다.

『가나다는 맛있다』| 우지영 글·김은재 그림 | 책읽는 곰

『나 너 좋아해』| 신순재 글·차정인 그림 | 길벗어린이

『넌 어떻게 춤을 추니?』| 티라 헤더 글·그림 | 책과콩나무

『고구마구마』| 사이다 글·그림 | 반달

『1분이면…』| 안소민 글·그림 | 비룡소

『꼬리 꼬리 꼬꼬리』| 키소 히데오 글·그림 | 책과콩나무

『이파라파냐무냐무』| 이지은 글·그림 | 사계절

『다 콩이야』| 보리 편집부 글·정지윤 그림 | 보리

『무슨 소리지?』| 장준영 글·그림 | 책고래

『멸치 다듬기』| 이상교 글·밤코 그림 | 문학동네

『쉬잇! 다 생각이 있다고』| 크리스 호튼 글·그림 | 비룡소

『빵이 되고 싶은 토끼』| 마루야마 나오 글·그림 | 스푼북

『가나다는 맛있다』

『나 너 좋아해』

『넌 어떻게 춤을 추니?』

『고구마구마』

『1분이면…』

『꼬리 꼬리 꼬꼬리』

『이파라파냐무냐무』

『다 콩이야』

『무슨 소리지?』

『멸치 다듬기』

『쉬잇! 다 생각이 있다고』

『빵이 되고 싶은 토끼』

조잘조잘 말 많은 아이가
경험 꺼내놓기 좋은 책

말이 많은 아이들에게 경험한 이야기를 제대로 할 수 있는 기회를 주는 건 어떨까요? '지금, 여기'에서 일어난 일이 아닌 '거기, 그때' 벌어진 일을 회상해서 이야기를 꺼내보는 활동은 문해력 향상 측면에서 아이들에게 매우 값진 시간입니다. 아이들이라면 누구나 한 번쯤 겪어봤을 상황에 대해 다양한 관점에서 풀어놓은 책을 소개해드립니다. '내가 한 것과 비슷한 경험이 책에 쓰여 있네?', '내 얘기를 마음껏 할 수 있으니 더 재미있네?'라는 생각을 이어가며 책에 대한 긍정적 정서를 쌓아갈 수 있을 거예요.

『껌』| 강혜진 글·그림 | 향

『꿈쩍도 안 할 거야』| 오쓰카 겐타 글·시바타 케이코 그림 | 길벗어린이

『나뭇잎이 달아나요』| 올레 쾨네케 글·그림 | 시공주니어

『난 병이 난 게 아니야』| 카도노 에이코 글·다루이시 마코 그림 | 한림출판사

『난 토마토 절대 안 먹어』| 로렌 차일드 글·그림 | 국민서관

『내 걱정은 하지 마』| 이영림 글·그림 | 봄볕

『감자 좀 달라고요!』| 모린 퍼거스 글·듀산 페트릭 그림 | 책과콩나무

『개구쟁이 해리: 목욕은 정말 싫어요』| G. 자이언 글·M. 그래엄 그림 | 사파리

『고함쟁이 엄마』| 유타 바우어 글·그림 | 비룡소

『기억나요?』| 시드니 스미스 글·그림 | 책읽는곰

『내 딱지 얘기를 하자면』| 엠마 아드보게 글·그림 | 문학동네

『눈아이』| 안녕달 글·그림 | 창비

『우리 집이 더 높아!』| 지안나 마리노 글·그림 | 개암나무

『여름이 온다』| 이수지 글·그림 | 비룡소

『감기 걸린 날』| 김동수 글·그림 | 보림

『껌』

『꿈쩍도 안 할 거야』

『나뭇잎이 달아나요』

『난 병이 난 게 아니야』

『난 토마토 절대 안 먹어』

『내 걱정은 하지 마』

『감자 좀 달라고요!』	『개구쟁이 해리: 목욕은 정말 싫어요』	『고함쟁이 엄마』
『기억나요?』	『내 딱지 얘기를 하자면』	『눈아이』
『우리 집이 더 높아!』	『여름이 온다』	『감기 걸린 날』

말 없고 겁 많은 아이를 위한 책

아이의 유치원 첫 공개 수업에 갔을 때가 떠오릅니다. 큰 목소리로 당차게 대답하는 아이들을 보면서 내심 '우리 아이도 저랬으면…' 하고 생각했더랬죠. 저희 애는 선생님 질문에 들릴락 말락 개미 기어가는 목소리로, 금방이라도 울음을 터뜨릴 것처럼 겨우 대답했거든요.

그런데 어떤 기억이 불쑥 제 머리를 한 대 훅 치며 되살아나더라고요. 어릴 때 "큰 소리로 또박또박 대답해야지", "뭘 웅얼거리고 있니"라며 야단치는 어른들의 목소리와 더불어 한껏 움츠러들었던 그때 제 마음이 말이에요. 그리고 곧 깨달았죠. '아, 우리 애가 그저 나를 똑 닮은 거였네' 하고 말입니다.

겁도 많고 말 없고 조용한 아이들에게는 그 마음을 보듬어주는 책을 함께 읽어보면 좋겠어요. 수줍어도 된다고, 두려울 수 있다고, 그 마음이 잘못된 게 아니라고 아이의 움츠린 마음을 위로해주세요. 책을 통해 공감받은 아이는 다시 책을 펼쳐 들게 됩니다. 마음을 다독여주는 것만큼 사람을 책으로 이끄는 강한 힘도 없기 때문입니다.

『가끔은 혼자가 좋아』| 에이미 헤스트 글·필립 C. 스테드 그림 | 한빛에듀

『네 기분은 어떤 색깔이니?』| 최숙희 글·그림 | 책읽는곰

『괜찮을 거야』| 시드니 스미스 글·그림 | 책읽는곰

『누가 사자의 방에 들어왔지?』| 아드리앵 파를랑주 글·그림 | 봄볕

『떨어질까 봐 무서워』| 댄 샌탯 글·그림 | 위즈덤하우스

『난 완벽하지 않아』| 마야 마이어스 글·염혜원 그림 | 창비

『블랙 독』| 레비 핀폴드 글·그림 | 북스토리아이

『질문의 그림책』| 이은경 글·그림 | 보림

『작은 나무』| 로렌 롱 글·그림 | 봄의정원

『문어 목욕탕』| 최민지 글·그림 | 노란상상

『가만히 들여다보렴』| 코리 도어펠드 글·그림 | 북뱅크

『마음아 안녕』| 최숙희 글·그림 | 책읽는곰

『가끔은 혼자가 좋아』

『네 기분은 어떤 색깔이니?』

『괜찮을 거야』

『누가 사자의 방에 들어왔지?』

『떨어질까 봐 무서워』

『난 완벽하지 않아』

『블랙 독』

『질문의 그림책』

『작은 나무』

『문어 목욕탕』

『가만히 들여다보렴』

『마음아 안녕』

뒷이야기가 궁금해서 마음 급한 아이를 위한 책

다음에 이어질 이야기가 뭘까, 유독 궁금해하는 아이들이 있습니다. 다음 이야기가 너무 궁금한 나머지 책 읽는 도중에 이야기 나누는 것도 싫어하는 이 아이들에게는 굳이 중간에 멈춰 생각을 물어볼 필요는 없어요. 이번에는 다음 이야기가 도무지 짐작이 안 되어, 기어코 다음 장을 읽게 만드는 흥미진진한 책을 소개합니다. 마지막 페이지까지 읽고 숨을 좀 고르고 나서 아이와 책에 관한 이야기를 나눠보세요.

『곰이 강을 따라갔을 때』| 리처드 T. 모리스 글·르웬 팜 그림 | 소원나무

『끄로꼬』| 안드레스 로페스 글·그림 | 산하

『노란 양동이』| 모리야마 미야코 글·쓰치다 요시하루 그림 | 현암사

『그건 내 조끼야』| 나카에 요시오 글·우에노 노리코 그림 | 비룡소

『밀림에서 가장 아름다운 표범』| 구도 나오코 글·와다 마코토 그림 | 위즈덤하우스

『바람이 불었어』| 팻 허친즈 글·그림 | 시공주니어

『브루노를 위한 책』| 니콜라우스 하이델바흐 글·그림 | 풀빛

『종이 봉지 공주』| 로버트 문치 글·마이클 마첸코 그림 | 비룡소

『도깨비를 빨아버린 우리 엄마』| 사토 와키코 글·그림 | 한림출판사

『곰이 강을 따라갔을 때』

『끄로꼬』

『노란 양동이』

『그건 내 조끼야』　『밀림에서 가장 아름다운 표범』　『바람이 불었어』

『브루노를 위한 책』　『종이 봉지 공주』　『도깨비를 빨아버린 우리 엄마』

엉뚱한 상상으로 이야기 만들기 좋아하는 아이를 위한 책

아이들은 말이 되고 안 되고에 대한 한계를 설정해둔 채 이야기하지 않습니다. 언뜻 들으면 황당무계한 이야기 같지만, 또 가만 곱씹어보면 어른은 감히 범접하지 못할 세상의 이야기를 창작해내죠. 처음엔 맥락도 안 맞고 영 말이 안 되는 것 같을 거예요. 하지만 엉뚱한 상상에서 출발한 그림책을 읽으며 이야기를 한 번 두 번 만들어가다 보면, 어느 순간부터는 이야기를 말이 되게끔 스스로 조율해나가는 아이들을 발견하게 됩니다. 납득할 만한 이야기로 조정한다는 건 맥락을 쌓아간다는 말이고, 이는 곧 문해력의 밑거름이 되죠.

취학 전 아이들은 대부분 엉뚱한 상상에서 출발한 그림책을 좋아합니다. 너 나 할 것 없이 흥미로워할 만한 책을 읽으며 아이들과 한계 없는 이야기를 이어나가보세요.

『공룡이 공짜!』| 엘리스 브로우치 글·데이비드 스몰 그림 | 주니어김영사

『간식을 먹으러 온 호랑이』| 주디스 커 글·그림 | 보림

『괴물들이 사는 나라』| 모리스 샌닥 글·그림 | 시공주니어

『내 이불은 바다야』| 미로코 마치코 글·그림 | 길벗어린이

『검피 아저씨의 뱃놀이』| 존 버닝햄 글·그림 | 시공주니어

『꽃에서 나온 코끼리』| 황K 글·그림 | 책읽는곰

『내가 만약에 말이라면』| 소피 블랙올 글·그림 | 비룡소

『도서관에 간 사자』| 미셸 누드슨 글·케빈 호크스 그림 | 웅진주니어

『어느 날, 그림자가 탈출했다』| 미셸 쿠에바스 글·시드니 스미스 그림 | 책읽는곰

『모두 모두 한집에 살아요』| 마리안느 뒤비크 글·그림 | 고래뱃속

『살금살금, 까치발…』| 크리스틴 슈나이더 글·에르베 삐넬 그림 | 지양어린이

『오로지 나만』| 사라 룬드베리 글·그림 | 봄볕

『우리 집 생쥐네 집』| 존 버닝햄 글·그림 | 웅진주니어

『면봉이라서』| 한지원 글·그림 | 사계절

『샘과 데이브가 땅을 팠어요』| 맥 바넷 글·존 클라센 그림 | 시공주니어

『공룡이 공짜!』 『간식을 먹으러 온 호랑이』 『괴물들이 사는 나라』

『내 이불은 바다야』 『검피 아저씨의 뱃놀이』 『꽃에서 나온 코끼리』

『내가 만약에 말이라면』 『도서관에 간 사자』 『어느 날, 그림자가 탈출했다』

『모두 모두 한집에 살아요』

『살금살금, 까치발…』

『오로지 나만』

『우리 집 생쥐네 집』

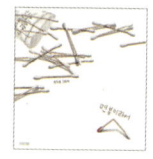
『면봉이라서』

『샘과 데이브가 땅을 팠어요』

새로운 세상이 궁금한 아이를 위한 책

취학 전 아이들이 모두 이야기책을 좋아하는 것 같지만 사실 그렇지는 않습니다. 이야기책에는 시큰둥하지만, 지식 책에는 눈을 반짝이는 아이가 있어요. 물론 아이의 책 취향은 자라면서 여러 번 바뀝니다. 이번에는 내가 모르는 사실을 알아가는 것을 좋아하는 아이를 위한 책을 알려드릴게요. 어떤 현상과 그것을 이렇게도 생각할 수 있음을 아이들과 함께 깨달아가보세요.

『구름은 어떻게 구름이 될까?』| 롭 호지슨 글·그림 | 북극곰

『나무는 좋다』| 재니스 메이 우드리 글·마르크 시몽 그림 | 시공주니어

『나무의 아기들』| 이세 히데코 글·그림 | 천개의바람

『폭풍 속으로』| 브라이언 플로카 글·시드니 스미스 그림 | 책읽는곰

『내가 라면을 먹을 때』| 하세가와 요시후미 글·그림 | 고래이야기

『농부 달력』| 김선진 글·그림 | 웅진주니어

『봉숭아 통통통』| 문명예 글·그림 | 책읽는곰

『선인장 호텔』| 브렌다 기버슨 글·메건 로이드 그림 | 마루벌

『반이나 차 있을까 반밖에 없을까』| 이보나 흐미엘레프스카 글·그림 | 논장

| 『구름은 어떻게 구름이 될까?』 | 『나무는 좋다』 | 『나무의 아기들』 |
| 『폭풍 속으로』 | 『내가 라면을 먹을 때』 | 『농부 달력』 |

『봉숭아 통통통』

『선인장 호텔』

『반이나 차 있을까 반밖에 없을까』

내 마음대로 읽고 싶은 아이를 위한 글 없는 그림책

간혹 아주 주체적으로 읽는 아이가 있어요. 부모가 읽어주는 책 내용을 그대로 듣기보다 자기 마음대로 읽길 원하는 아이 말입니다. 이런 아이에게는 글 없는 그림책이 제격입니다. 물론 글 없는 그림책은 모든 아이의 어휘력 및 문해력 발달에 큰 도움이 됩니다. 이야기를 짓는 과정에서 발화가 더 활발하게 나타나는데, 이 과정에서 어휘력이라든지 이야기 맥락 구성 능력이 늘기 때문이에요.

또 부모가 지은 이야기를 듣고 기억해 아이가 다시 이야기할 수도 있고, 아이 혼자 이야기를 지어낼 수도 있어요. 부모와 아이가 번갈아 가면서 이야기를 만들 수도 있고요. 어떤 방법이든 좋습니다. 글 없는 그림책의 매력에 푹 빠져 아이와 함께 이야기를 만들어가보세요.

『나무집』 | 마리예 톨만, 로날트 톨만 그림 | 여유당

『나의 미술관』 | 조안 리우 글·그림 | 단추

『노란 우산』 | 류재수 그림·신동일 작곡 | 보림

『이상한 화요일』 | 데이비드 위스너 지음 | 비룡소

『머나먼 여행』 | 에런 베커 글·그림 | 웅진주니어

『안 돼!』 | 데이비드 맥페일 글·그림 | 시공주니어

『파도야 놀자』 | 이수지 글·그림 | 비룡소

『구름공항』 | 데이비드 위스너 지음 | 시공주니어

『눈사람 아저씨』 | 레이먼드 브릭스 지음 | 마루벌

『나무집』

『나의 미술관』

『노란 우산』

『이상한 화요일』　　　『머나먼 여행』　　　『안 돼!』

『파도야 놀자』　　　『구름공항』　　　『눈사람 아저씨』

마음과 생각을 꺼내보기 좋은 책

독서가 주는 가장 큰 선물은 내가 가보지 못한 세계에 발을 내디뎌보고, 느껴보고 상상할 수 있는 기회입니다. 일상적인 경험을 넘어선 새로운 세계에서 펼쳐지는 일에 대해 아이는 어떻게 느끼고 판단할까요? 아이가 다음에 소개한 책을 읽고 자유롭게 생각을 말로 펼쳐낼 기회를 제공해주세요. 생각과 마음을 꺼내 보고 표현할 기회를 얻으며 문해력의 밑동을 키워나갈 거예요.

『너도 맞고, 나도 맞아!』| 안소민 글·그림 | 비룡소

『고래가 보고 싶거든』| 줄리 폴리아노 글·에린 E. 스테드 그림 | 문학동네

『감기 걸린 물고기』| 박정섭 글·그림 | 사계절

『기억나니?』| 조란 드르벤카르 글·유타 바우어 그림 | 미디어 창비

『누가 가장 힘셀까?』| 퍼트리샤 토마 글·그림 | 고래뱃속

『단어 수집가』| 피터 H. 레이놀즈 글·그림 | 문학동네

『세상에 둘도 없는 반짝이 신발』| 제인 고드윈 글·안나 워크 그림 | 모래알

『또 읽어 주세요!』| 에밀리 그래빗 글·그림 | 비룡소

『오늘, 너에게』| 최숙희 글·그림 | 웅진주니어

『달라도 친구』| 허은미 글·정현지 그림 | 웅진주니어

『맙소사, 나의 나쁜 하루』| 첼시 린 월리스 글·염혜원 그림 | 주니어RHK

『미움』| 조원희 글·그림 | 만만한책방

『부루퉁한 스핑키』| 윌리엄 스타이그 글·그림 | 비룡소

『앨피가 일등이에요』| 셜리 휴즈 글·그림 | 보림

『엄마, 잠깐만!』| 앙트아네트 포티스 글·그림 | 한솔수북

『우리 엄마가 더 빨리 올 거야』| 엠마 비르케 글·요안나 헬그렌 그림 | 토토북

『안녕, 나의 등대』| 소피 블랙올 글·그림 | 비룡소

『100만 번 산 고양이』| 사노 요코 글·그림 | 비룡소

『너도 맞고, 나도 맞아!』

『고래가 보고 싶거든』

『감기 걸린 물고기』

『기억나니?』

『누가 가장 힘셀까?』

『단어 수집가』

『세상에 둘도 없는 반짝이 신발』

『또 읽어 주세요!』

『오늘, 너에게』

『달라도 친구』

『맙소사, 나의 나쁜 하루』

『미움』

『부루퉁한 스핑키』

『앨피가 일등이에요』

『엄마, 잠깐만!』

『우리 엄마가 더 빨리 올 거야』

『안녕, 나의 등대』

『100만 번 산 고양이』

초등 1~3학년,
이럴 때 이런 책

혼자 책 읽기 시작할 때 도전하기 좋은 책

홀로 책을 읽기 시작하는 것은 아이들에게 부담스럽고 두려운 일입니다. 물론 처음부터 거침없이 묵독하는 아이도 있지만, 보통은 소리 내서 책을 읽는 연습이 필요합니다.

이런 의미에서 취학 전에 접한 『말놀이 동시집』을 소리 내서 읽는 것을 추천합니다. 반복적으로 나오는 구절의 말맛을 느끼며 즐겁게 소리 내서 읽어보는 경험은 읽기 독립의 단단한 지지대가 되거든요. 동시를 충분히 읽었다면 이번에는 그림책을 소리 내서 읽어봐도 좋습니다. 그다음으로는 한 페이지에 4~5문장 정도 글밥이 있는 책을 서서히 읽어나가면 됩니다.

소리 내서 읽으며 읽기 유창성을 갖추고 의미를 자동적으로 해석할 수 있게 되면 아이들은 시키지 않아도 묵독하려고 할 거예요. 소리 내서 읽기는 여러모로 에너지가 꽤 필요한 일이므로 읽기 유창성이 갖춰지면 다소 귀찮은 일이 되어버리거든요.

『나한테 밑줄 한번 쳐 줄래』 | 이준식 글·이시누 그림 | 창비

『어쩌다 좋은 일이 생길지도』 | 요시타케 신스케 글·그림 | 주니어김영사

『틀려도 괜찮아』 | 마키타 신지 글·하세가와 토모코 그림 | 토토북

『개구리와 두꺼비는 친구』 | 아놀드 로벨 글·그림 | 비룡소

『우리 집 식탁이 사라졌어요!』 | 피터 H. 레이놀즈 글·그림 | 우리학교

『그레이엄 할아버지께』 | 크리스틴 에반스 글·그레이시 장 그림 | 봄날의곰

『목기린 씨, 타세요!』 | 이은정 글·윤정주 그림 | 창비

『나는 초등학생이 될 거예요』 | 구닐라 베리스트룀 글·그림 | 다봄

『그 소문 들었어?』 | 하야시 기린 글·쇼노 나오코 그림 | 천개의 바람

『나한테 밑줄 한번 쳐 줄래』　　『어쩌다 좋은 일이 생길지도』　　『틀려도 괜찮아』

『개구리와 두꺼비는 친구』　　『우리 집 식탁이 사라졌어요!』　　『그레이엄 할아버지께』

『목기린 씨, 타세요!』　　『나는 초등학생이 될 거예요』　　『그 소문 들었어?』

모르겠다고만 말하는 아이에게
대답 끌어내기 좋은 책

물어보면 무조건 모르겠다, 기억이 안 난다, 잊어버렸다고 얼버무리는 아이들이 있습니다. 이렇게 대답하는 데는 다 이유가 있어요. 알긴 아는데 뭐라고 표현해야 할지 몰라서, 틀리면 부모님이 실망할까 봐 대답을 피하는 거죠. '1+1=2'같이 답이 정해진 문제가 아니면 불안해서 대답하지 못하는 아이들도 있고요.

이런 아이들은 대답이 눈에 훤히 보이는 질문부터 출발해보면 좋아요. 표현하는 데 어려움을 느끼는 아이라면, 간단한 문장으로 여러 번 표현해보며 자신감을 얻는 게 도움이 됩니다. 또 부모님이 질문하는 대신, 아이더러 질문을 만들어보라고 하는 것도 방법이에요. 아이가 질문하면 부모님이 대답하는 거죠. 이때 부모님이 일부러 엉뚱한 대답을 해보는 것도 좋아요. 책을 읽고 생각을 주고받을 때 정답은 중요하지 않다는 것을 보여주는 동시에, 틀려도 된다는 안도감을 주기 위해서입니다.

여기서 소개하는 도서 목록은 질문을 만들거나 비교적 쉽게 대답할 수 있는 내용이 담긴 책들입니다. 책을 읽고 아이가 문장을 구성해 대답할 기회를 제공해주세요.

『9킬로미터: 나의 학교 가는 길』 | 클라우디오 아길레라 글·가브리엘라 리온 그림 | 뜨인돌어린이

『나의 독산동』 | 유은실 글·오승민 그림 | 문학과지성사

『달에 가고 싶어요』 | 마쓰오카 도오루 글·그림 | 한림출판사

『뭐라고 불러야 해?』| 천준형 글·그림 | 달그림

『웅덩이를 건너는 가장 멋진 방법』| 수산나 이세른 글·마리아 히론 그림 | 트리앤북

『감정에 이름을 붙여 봐』| 이라일라 글·박현주 그림 | 파스텔하우스

아직은 엉뚱한 상상의 나래를
펼치고 싶어 하는 아이를 위한 책

엉뚱한 상상의 나래를 펼치길 좋아하는 아이들이 있어요. 모

험 이야기를 좋아하는 아이들이죠. 상상 속에서만 가능한 이야기에 빠져 시간 가는 줄 모르고 읽는 초등학생을 위한 책을 소개합니다.

『검정 연필 선생님』 | 김리리 글·한상언 그림 | 창비

『프린들 주세요』 | 앤드루 클레먼츠 글·양혜원 그림 | 사계절

『난 뭐든지 할 수 있어』 | 아스트리드 린드그렌 글·일론 비클란드 그림 | 창비

『다락방 외계인』 | 이귤희 글·간장 그림 | 해와나무

『깊은 밤 필통 안에서』 | 길상효 글·심보영 그림 | 비룡소

『등대 소년』 | 막스 뒤코스 글·그림 | 국민서관

『딴생각 중』 | 마리 도를레앙 글·그림 | 한울림어린이

『나 혼자 우주 전쟁』 | 조호재 글·홍그림 그림 | 밝은미래

『우주로 가는 계단』 | 전수경 글·소윤경 그림 | 창비

『보물섬의 비밀』 | 유우석 글·주성희 그림 | 창비

『화요일의 두꺼비』 | 러셀 에릭슨 글·김종도 그림 | 사계절

『진짜 도둑』 | 윌리엄 스타이그 글·그림 | 비룡소

『검정 연필 선생님』

『프린들 주세요』

『난 뭐든지 할 수 있어』

『다락방 외계인』

『깊은 밤 필통 안에서』

『등대 소년』

『딴생각 중』

『나 혼자 우주 전쟁』

『우주로 가는 계단』

『보물섬의 비밀』

『화요일의 두꺼비』

『진짜 도둑』

걱정거리가 생긴 아이를 위한 책

학교생활을 시작하면 아이들에게는 이런저런 걱정거리가 생깁니다. 친구들과의 관계에서 상처를 주기도, 받기도 하죠. 어른들은 아이가 고민하고 상처받는 일을 막아보겠다고 친구 사이에서 벌어질 법한 문제 상황을 미리 알려주고, 어떻게 말해야 하는지 정답을 알려주려고 합니다. 그런데 이런 방식은 그리 적절하진 않아요. 똑같은 상황이 벌어지리란 보장도 없는 데다, 맥락과 상황에 따라 마음을 도닥이고 문제를 해결해나가는 언어는 섬세하고 미묘하게 달라져야 하니까요.

이럴 때는 부모님이 답을 알려주는 대신 불편한 상황에 처한 주인공이 어떤 마음이었을지, 어떻게 대처했는지, 나라면 어떻게 했을지 고민하며 아이 스스로 자기만의 해결 방법을 만들어가야 합니다. 이때 책을 통해 삶의 지혜를 얻고 사고의 틀을 넓혀본 경험은 책으로 다시 돌아가게 하는 원동력이 되어줍니다.

『불안』 | 조미자 글·그림 | 핑거

『내겐 드레스 백 벌이 있어』 | 엘레노어 에스테스 글·루이스 슬로보드킨 그림 | 비룡소

『전쟁의 이유』 | 하인츠 야니쉬 글·알료샤 블라우 그림 | 풀빛

『놀림에 대처하는 슬기로운 방법』| 캐런 게딕 버넷 글·로리 배로즈 그림 | 고래이야기

『바느질하는 고슴도치』| 재발견생활 글·그림 | 훨훨나비

『학교 옆 만능빌딩』| 이현지 글·김민우 그림 | 비룡소

『우리 손 잡고 갈래?』| 이인호 글·윤미숙 그림 | 문학과지성사

『걱정 상자』| 조미자 글·그림 | 봄개울

『걱정 세탁소』| 홍민정 글·김도아 그림 | 반달서재

『불안』

『내겐 드레스 백 벌이 있어』

『전쟁의 이유』

『놀림에 대처하는 슬기로운 방법』

『바느질하는 고슴도치』

『학교 옆 만능빌딩』

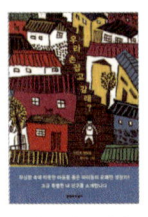  

『우리 손 잡고 갈래?』　　『걱정 상자』　　『걱정 세탁소』

마음을 드러내기 어려워하는 아이를 위한 책

어른도 그렇지만 아이들도 자기 마음을 구체적으로 표현하지 못합니다. 마음의 온도는 어떤지, 촉감은 어떤지 언어로 자주 꺼내봐야 그 마음을 선명하게 그려낼 수 있을 텐데, 그럴 기회가 좀처럼 찾아오지 않습니다. 적어도 아이들만큼은 책 속 등장인물을 따라가며 마음의 소리에 귀 기울이고, 그 소리를 말로 표현해보는 시간과 자주 맞닥뜨렸으면 좋겠어요. 커다랗게 자라나는 마음을 표현하며 책이 내 마음을 알아준다는 기쁨을 느끼는 순간은 문해력의 자양분이 될 것입니다.

『나는 누구예요?』 | 콘스탄체 외르벡 닐센 글·아킨 두자킨 그림 | 분홍고래

『귀신새 우는 밤』 | 오시은 글·오윤화 그림 | 문학동네

『나의 명원 화실』| 이수지 글·그림 | 비룡소

『눈물빵』| 고토 미즈키 글·그림 | 천개의바람

『얼굴 빨개지는 아이』| 장자크 상페 글·그림 | 열린책들

『이상한 아이 옆에 또 이상한 아이』| 송미경 글·조미자 그림 | 위즈덤하우스

『너라면 어떡할래?』| 제니퍼 무어 말리노스 글·앤디 캐틀링 그림 | 키움

『나는 강물처럼 말해요』| 조던 스콧 글·시드니 스미스 그림 | 책읽는곰

『일곱 번째 노란 벤치』| 은영 글·메 그림 | 비룡소

『오늘부터 배프! 베프!』| 지안 글·김성라 그림 | 문학동네

『마법의 가면』| 스테판 세르방 글·일리아 그린 그림 | 불광출판사

『화장실에 사는 두꺼비』| 김리리 글·오정택 그림 | 문학동네

『나는 누구예요?』

『귀신새 우는 밤』

『나의 명원 화실』

『눈물빵』

『얼굴 빨개지는 아이』

『이상한 아이 옆에 또 이상한 아이』

『너라면 어떡할래?』

『나는 강물처럼 말해요』

『일곱 번째 노란 벤치』

『오늘부터 배프! 베프!』

『마법의 가면』

『화장실에 사는 두꺼비』

아이들이 질문을 만들어내기 좋은 책

문해력의 핵심 역량 중 하나는 질문을 만들어낼 줄 아는 힘입니다. 생각도 못한 부분을 콕 찌르듯 날카롭게 질문하는 능력은 어른들만 할 수 있을 것 같지만, 그렇지 않습니다. 내용을 정확하게 파악하는 동시에 그물을 짜듯 알고 있던 지식을 엮어 질문을 만들어내는 아이들도 많거든요. 질문도 해본 아이가 베일 듯 매서운 질문을 던질 줄 압니다. 물어볼 게 없다는 아이들, 책을 다 읽고서도 궁금한 게 없다는 아이들도 하나쯤은 물어볼 거리가 생기는 책을 소개합니다.

『불곰에게 잡혀간 우리 아빠』| 허은미 글·김진화 그림 | 여유당

『꽃을 선물할게』| 강경수 글·그림 | 창비

『그 집 이야기』| 존 패트릭 루이스 글·로베르토 인노첸티 그림 | 사계절

『네모 상자 속의 아이들』| 토니 모리슨, 슬레이드 모리슨 글·지젤 포터 그림 | 문학동네

『담을 넘은 아이』| 김정민 글·이영환 그림 | 비룡소

『사라진 저녁』| 권정민 글·그림 | 창비

『질문하는 환경 사전』| 질 알레 글·자크 아장 그림 | 풀빛

『하늘이 딱딱했대?』| 신원미 글·애슝 그림 | 천개의 바람

『크릴 전쟁』| 양지영 글·심상정 그림 | 지성사

『불곰에게 잡혀간 우리 아빠』

『꽃을 선물할게』

『그 집 이야기』

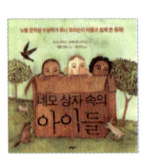  

『네모 상자 속의 아이들』 『담을 넘은 아이』 『사라진 저녁』

『질문하는 환경 사전』 『하늘이 딱딱했대?』 『크릴 전쟁』

새로운 세상이 궁금한 아이를 위한 책

　허구의 이야기보다 새로운 세상의 지식을 알아가는 데 관심이 많은 어린이를 위한 책을 소개합니다. 반대로 이야기책만 좋아하고 지식 책은 거들떠보지 않는 아이에게 슬쩍 권하기에도 괜찮은 책들입니다. 소개한 책들을 읽으며 다양한 세상의 소식을 아이와 가볍게 알아가세요. 아이가 특히 더 관심 가지는 분야가 있다면 그 내용을 깊이 있게 다룬 다른 책을 찾아가며 읽기를 이어나가는 것도 좋습니다.

『레몬으로 돈 버는 법』| 루이스 암스트롱 글·빌 바소 그림 | 비룡소

『대왕고래의 마지막 노래』| 린 브루넬 글·제이슨 친 그림 | 봄의정원

『어린이를 위한 그림의 역사』| 데이비드 호크니, 마틴 게이퍼드 글·로즈 블레이크 그림 | 비룡소

『미래가 온다 시리즈』| 김성화, 권수진 글 외 | 와이즈만북스

『배송 완료: 택배가 우리 집에 오기까지』| 율리아 뒤르 글·그림 | 우리학교

『어린이를 위한 종의 기원』| 사바나 라데바 글·그림 | 달리

『원은 괴물이야!』| 권수진, 김성화 글·한성민 그림 | 만만한책방

『이유가 있어서 함께 살아요』| 아일사 와일드 글·아비바 리드 그림 | 원더박스

『조개는 왜 껍데기가 있을까?』| 멜리사 스튜어트 글·세라 S. 브래넌 그림 | 다섯수레

『우리는 우주 어디쯤 있을까?』| 제이슨 친 글·그림 | 봄의정원

『수학의 저주』| 존 셰스카 글·레인 스미스 그림 | 시공주니어

『참 놀라운 시간 이야기』| 클라이브 기포드 | 진선아이

『레몬으로 돈 버는 법』

『대왕고래의 마지막 노래』

『어린이를 위한 그림의 역사』

『미래가 온다 시리즈』　　『배송 완료: 택배가 우리 집에 오기까지』　　『어린이를 위한 종의 기원』

『원은 괴물이야!』　　『이유가 있어서 함께 살아요』　　『조개는 왜 껍데기가 있을까?』

『우리는 우주 어디쯤 있을까?』　　『수학의 저주』　　『참 놀라운 시간 이야기』

나와 다른 사람을 알아가고 싶은 아이를 위한 책

학교에서 돌아와 조잘거리는 아이의 이야기를 가만 들어보세요. 자기가 했던 일 외에는 별 관심이 없는 아이가 있는 반면에, 같은 반 친구들에게 그날 무슨 일이 벌어졌는지 세세하게 관찰하고 기억해서 이야기하는 아이가 있어요. 이 아이는 자신의 시선으로 타인을 면밀하게 살펴보길 즐겨합니다. 다른 사람들에게 무슨 일이 일어나고 있는지 궁금한 거죠. 이런 아이에게는 더 넓은 세상 속 다양한 사람들의 이야기를 들려주면 좋습니다. 나와 다른 사람들을 알아가며 마음 몽글해지는 순간을 맞이할 수 있는 책을 소개합니다.

『나는 지하철입니다』 | 김효은 글·그림 | 문학동네

『같은 시간 다른 우리』 | 소피아 파니두 글·마리오나 카바사 그림 | 다림

『국경』 | 구돌 글·해랑 그림 | 책읽는곰

『털뭉치』 | 김양미 글·정문주 그림 | 사계절

『내가 아닌 누군가를 생각해』 | 윌바 칼손 글·사라 룬드베리 그림 | 위고

『땅따먹기』 | 최진영 글·김홍모 그림 | 창비

『어떤 느낌일까?』 | 나카야마 치나츠 글·와다 마코토 그림 | 보림

『고슴도치 아이』 | 카타지나 코토프스카 | 보림

『행운이 구르는 속도』 | 김성운 글·김성라 그림 | 사계절

『나는 지하철입니다』

『같은 시간 다른 우리』

『국경』

『털뭉치』

『내가 아닌 누군가를 생각해』

『땅따먹기』

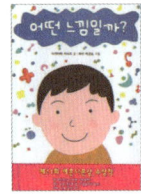
『어떤 느낌일까?』

『고슴도치 아이』

『행운이 구르는 속도』

초등 4~6학년, 이럴 때 이런 책

하루 10분, 가볍게 읽고 생각 끌어내기 좋은 책

이전에 비해 책 읽을 시간이 부족한 고학년 아이들에게 추천하는 책 읽기 방식으로 '짧고 굵게, 자주 읽기'를 말씀드렸습니다. 그런데 이때 주의해야 할 것이 있어요. 간혹 하루에 한 장씩 매일 읽고 서너 달에 걸쳐 책 한 권을 완독하는 경우가 있는데,

이런 방식은 피하는 게 좋습니다. 하루에 읽는 한두 장 안에 내용이 완결되면 상관없지만, 중간에 뚝 끊겨도 한 장이라는 목표에만 집중해 몇 달을 끌고 가는 건 그다지 추천할 만한 방법이 아니거든요. 문해력은 글의 흐름에 따라 맥락을 파악하는 동시에 내용을 이해하기 위해 참고 읽기도 해야 하는데, 엉뚱한 데서 자꾸만 뚝뚝 끊어 읽기를 반복하면 문해력 향상에 별 도움이 되지 않습니다.

따라서 비문학 도서라면 2~3장으로 이루어진 한 챕터를 한 번에 읽게 지도해주세요. 문학 도서라면 단편집을, 장편소설이라면 사건이 바뀌는 장면까지는 하루에 읽는 게 좋겠습니다.

그런 의미에서 책 한 권 완독이 아닌, 오늘의 완독을 수월하게 할 수 있는 책을 소개합니다. 아이가 이어지는 내용을 한 번에 읽고 이해할 수 있게 도와주세요.

『맛집에서 만난 지리 수업』 | 남원상 | 서해문집

『맛집에서 만난 세계 지리 수업』 | 남원상 | 서해문집

『똑똑한 초등신문』 | 신효원 | 책장속북스

『똑똑한 역사 신문』 | 신효원 | 책장속북스

『딱 한마디 의학사』 | 이현희 글·박상훈 그림 | 천개의바람

『식탁 위의 세계사』 | 이영숙 | 창비

『옷장 속의 세계사』 | 이영숙 | 창비

『예술에 대한 여덟 가지 답변의 역사』 | 김진엽 | 우리학교

『빨강, 하양 그리고 완전한 하나』 | 라자니 라로카 | 밝은미래

『정의로운 은재』 | 강경수 외 | 사계절

『짜장면 불어요!』 | 이현 글·윤정주 그림 | 창비

『맛집에서 만난 지리 수업』

『맛집에서 만난 세계 지리 수업』

『똑똑한 초등신문』

『똑똑한 역사 신문』

『딱 한마디 의학사』

『식탁 위의 세계사』

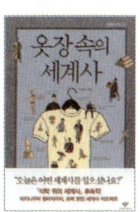
『옷장 속의 세계사』

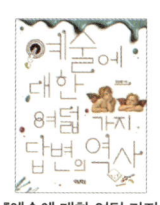
『예술에 대한 여덟 가지 답변의 역사』

『빨강, 하양 그리고 완전한 하나』

『정의로운 은재』

『짜장면 불어요!』

가족과 이야기 나누기 좋은 책

무엇보다 아이들을 책으로 이끄는 강력한 힘은 책을 매개로 가족과 나누는 대화입니다. 각자 따로 읽은 책을 소개하며 이야기를 해봐도 좋고, 같은 책을 읽고 생각을 나눠봐도 좋습니다. 아이들은 의외로 책을 통한 가족과의 상호작용을 즐깁니다. 부모가 읽은 책에 관한 이야기를 듣거나 독서 대화의 한 일원으로 동참해 자신이 읽은 책을 소개하며 어깨 으쓱해지는 경험을 하게 되죠. 가족과의 독서 대화를 통해 서로 공감하고 인정받는 경험을 해본 아이들은 더 큰 독서의 세계에 눈을 뜨게 됩니다. 아이가 독서의 세계에서 마음껏 유영할 수 있도록 가족 간에 책을 매개로 한 대화를 자주 나눠보세요.

『오이대왕』 | 크리스티네 뇌스틀링거 | 사계절

『파리 잡기 대회』 | 실비아 맥니콜 | 책과콩나무

『열한 살의 아빠의 엄마를 만나다』 | 케빈 헹크스 | 내인생의책

『우리들이 개를 지키려는 이유』 | 문경민 | 밝은미래

『이웃집 빙허각』 | 채은하 글·박재인 그림 | 창비

『기억의 조각들』 | 샌디 스타크-맥기니스 | 라임

『내가 아는 기쁨의 이름들』 | 소피 블랙올 | 웅진주니어

『고장 난 가족』 | 마이테 카란사 글·이라체 로페스 데 무나인 그림 | 꿈꾸는섬

『폴리네시아에서 온 아이』 | 코슈카 글·톰 오고마 그림 | 라임

『오이대왕』

『파리 잡기 대회』

『열한 살의 아빠의 엄마를 만나다』

『우리들이 개를 지키려는 이유』

『이웃집 빙허각』

『기억의 조각들』

『내가 아는 기쁨의 이름들』　　『고장 난 가족』　　『폴리네시아에서 온 아이』

방학 중 깊게 읽기 좋은 책

고학년이라면 방학 중 긴 호흡으로 조금 두꺼운 책 한 권을 읽는 시간을 가져볼 것을 추천합니다. 문해력을 키우기 위해서는 희미한 불빛에만 의지한 채 길고 긴 읽기 터널을 어떻게든 통과해나가는 힘, 불편하고 모호한 상태를 견디는 힘이 필요합니다. 고전 또는 뉴베리상 수상작은 책 두께도 만만치 않을뿐더러, 끝까지 다 읽으려면 꽤 많은 인내심이 필요하기에 고학년 문해력 향상에 큰 도움이 됩니다. 한 권의 책을 방학 중에 완독하는 과정에서 아이는 '이 두꺼운 책을 내가 다 읽었다고?'라는 성취감을 느낄 수 있을 테고, 더불어 문해력도 훌쩍 자라 있을 겁니다.

『안녕, 우주』| 에린 엔트라다 켈리 | 밝은미래

『재미만만 동양고전 삼국지』| 유중하 글·이상권 그림 | 웅진주니어

『눈과 보이지 않는』| 데이브 에거스 글·숀 해리스 그림 | 위즈덤하우스

『마지막 지도 제작자』| 크리스티나 순톤밧 글 | 책읽는곰

『버드나무에 부는 바람』| 케네스 그레이엄 글·천은실 그림 | 글담출판

『사자왕 형제의 모험』| 아스트리드 린드그렌 글·일론 비클란드 그림 | 창비

『야외 수영장』| 빌 그멜링 | 라임

『그 여름의 끝』| 로이스 로리 | 보물창고

『기억 전달자』| 로이스 로리 | 비룡소

『안녕, 우주』

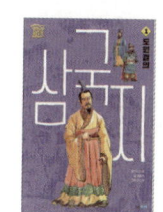
『재미만만 동양고전 삼국지』

『눈과 보이지 않는』

『마지막 지도 제작자』

『버드나무에 부는 바람』

『사자왕 형제의 모험』

『야외 수영장』

『그 여름의 끝』

『기억 전달자』

이야기책 좋아하는 아이를 위한 책

이야기책을 좋아하긴 하는데, 다소 두꺼운 장편소설을 읽기에는 아직 부담스럽다는 아이가 술술 읽기 좋은 책을 소개합니다. 긴 책을 단숨에 읽어본 경험은 글밥 많은 책에 대한 부담감을 한층 줄여주어 더 즐거운 독서로 이끌어줍니다.

『계단 먹는 까마귀 모티머』 | 조안 에이킨 글·퀸틴 블레이크 그림 | 시공주니어

『기소영의 친구들』 | 정은주 글·해랑 그림 | 사계절

『시간을 파는 상점』 | 김선영 | 자음과모음

『불량한 자전거 여행』 | 김남중 글·허태준 그림 | 창비

『순재와 키완』 | 오하림 글·애슝 그림 | 문학동네

『밤티마을 큰돌이네 집』 | 이금이 글·한지선 그림 | 밤티

『왜왜왜 동아리』| 진형민 글·이윤희 그림 | 창비

『산책을 듣는 시간』| 정은 | 사계절

『레몬이 가득한 책장』| 조 코터릴 | 라임

『깡통 소년』| 크리스티네 뇌스틀링거 글·프란츠 비트캄프 그림 | 미래엔아이세움

『컵라면은 절대로 불어선 안 돼』| 김지완 글·김지형 그림 | 문학동네

『룰스』| 신시아 로드 | 초록개구리

『깡통 소년』

『컵라면은 절대로 불어선 안 돼』

『룰스』

지식과 정보를 좋아하는 아이를 위한 책

이야기책을 싫어하는 아이들도 꽤 많습니다. 이런 아이들은 주인공이 겪는 사건이나 모험에 공감하기 힘들어해요. 대신 있는 사실 그대로를 전달해주는 책을 좋아하죠. 소설이 읽기 능력에 큰 도움이 되는 건 사실이지만, 원하지 않는다면 억지로 강요할 수는 없습니다. 이야기책에 흥미를 못 느끼는 아이라면 지식 책을 중심으로 읽게 하면 됩니다. 이런 아이에게는 사회문제를 다뤘거나 실화를 바탕으로 한 소설을 추천합니다.

『똑같은 빨강은 없다』| 김경서 | 창비
『동물원에서 만난 세계사』| 손주현 | 라임
『토요일의 심리 클럽』| 김서윤 글·김다명 그림 | 창비

『알고 있니? 알고리즘』| 소이언 | 우리학교

『나는 초콜릿의 달콤함을 모릅니다』| 타라 설리번 | 푸른숲주니어

『우물 파는 아이들』| 린다 수 박 | 개암나무

『미술관 가는 날』| 정승은, 김세연 글·정진희 그림 | 노란돼지

『망할 놈의 수학』| 카를로 프라베티 글 | 문학동네

『종이 한 장의 마법, 지도』| 류재명 글·신명환 그림 | 길벗어린이

『똑같은 빨강은 없다』

『동물원에서 만난 세계사』

『토요일의 심리 클럽』

『알고 있니? 알고리즘』

『나는 초콜릿의 달콤함을 모릅니다』

『우물 파는 아이들』

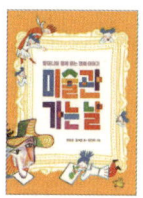
『미술관 가는 날』

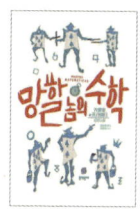
『망할 놈의 수학』

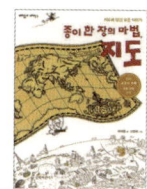
『종이 한 장의 마법, 지도』

이야기책은 뻔해서 재미없다는 아이를 위한 책

이야기책보다는 지식 책을 좋아하는 아이 또는 학교나 집에서 벌어지는 갈등 상황을 그린 이야기책이 뻔해서 지루하다고 생각하는 아이를 위한 책 목록입니다. 아래 책들은 이야기책이지만 일상을 벗어난 주제를 다루었기 때문에 아이의 호기심을 자극할 거예요.

『리보와 앤』 | 어윤정 글·해마 그림 | 문학동네

『아일랜드』 | 김지완 글·경혜원 그림 | 문학과지성사

『애니캔』 | 은경 글·유시연 그림 | 별숲

『담임 선생님은 AI』 | 이경화 글·국민지 그림 | 창비

『다름이의 남다른 여행』 | 최유성 글·김중석 그림 | 우리교육

『우주의 속삭임』 | 하신하 글·안경미 그림 | 문학동네

『몬스터 차일드』 | 이재문 글·김지인 그림 | 사계절

『수상한 진흙』 | 루이스 새커 | 창비

『베아』 | 이희영 | 위즈덤하우스

자라느라 마음 복잡한 아이를 위한 책

고학년이 되면 아이들의 마음은 점점 더 복잡해져갑니다. 부모나 친구에게서 공감받고 싶지만 현실은 기대에 미치지 못할 때, 마음을 어루만져주는 독서를 해볼 기회를 가질 수 있으면 참 좋겠죠. 나만 그런 게 아니라는 위안을 책에서 받는 경험의 위력은 상당합니다. 게다가 이야기책은 맥락을 파악하는 능력을 상당히 키워주기도 하고요.

마음 복잡한 아이에게 다음에 제시한 책을 슬쩍 건네보세요. 아이가 책을 다 읽고 나서 마치 자기 이야기가 아닌 것처럼 주인공의 목소리를 빌려 속마음을 꺼내놓을지도 모릅니다.

『어느 날 그 애가』 | 이은용 글·국민지 그림 | 문학동네

『거짓말이 가득』 | 오카 슈조 글·노석미 그림 | 창비

『금이 간 거울』 | 방미진 글·정문주 그림 | 창비

『걱정쟁이 열세 살』 | 최나미 글·정문주 그림 | 사계절

『나쁜 날씨만 계속되는 세상은 없어!』 | 제니 재거펠드 | 리듬문고

『너도 하늘말나리야』 | 이금이 | 밤티

『열세 살의 걷기 클럽』 | 김혜정 글·김연제 그림 | 사계절

『우리의 정원』 | 김지현 | 사계절

『맞아 언니 상담소』 | 김혜정 글·김민준 그림 | 비룡소

『여름과 가을 사이』 | 박슬기 글·해마 그림 | 북멘토

『잘 헤어졌어』 | 김양미 글·김효은 그림 | 문학과지성사

『안전 가옥』 | 고든 코먼 | 미래인

『어느 날 그 애가』

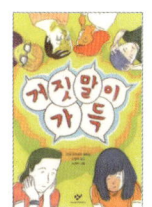
『거짓말이 가득』

『금이 간 거울』

『걱정쟁이 열세 살』

『나쁜 날씨만 계속되는 세상은 없어!』

『너도 하늘말나리야』

『열세 살의 걷기 클럽』

『우리의 정원』

『맞아 언니 상담소』

『여름과 가을 사이』

『잘 헤어졌어』

『안전 가옥』

초등 학년별
필수 어휘
150

초등
1~2학년을 위한
필수 어휘 50

관계

- **뜻** 둘 이상의 사람, 사물, 현상 등이 서로 관련을 맺는다는 말
- **예시** 은서는 성격이 동글동글해서 친구들과 **관계**가 좋은 편이에요.
- **활동** '**관계**'를 사용해 문장을 만들어보세요.

_____

_____

구분

- **뜻** 전체를 몇 개의 부분으로 나눔
- **예시** 이 바지는 어디가 앞이고 뒤인지 **구분**하기가 어려워요.
- **활동** '**구분**'을 사용해 문장을 만들어보세요.

_____

_____

관찰

- **뜻** 사물이나 현상을 주의 깊게 자세히 살펴봄

- **예시** 놀이터에서 친구들과 개미들이 빵 부스러기를 옮기는 것을 관찰했다.

- **활동** '관찰'을 사용해 문장을 만들어보세요.

_____

_____

규칙

- **뜻** 여러 사람이 지키도록 정해놓은 법칙

- **예시** 학교에서는 지각하지 않기, 복도에서 뛰지 않기 등 지켜야 할 규칙이 많아요.

- **활동** '규칙'을 사용해 문장을 만들어보세요.

_____

_____

균형

뜻 어느 한쪽으로 기울거나 치우치지 않은 상태

예시 두발자전거를 처음 탔을 때 균형 잡기가 정말 어려웠어요.

활동 '균형'을 사용해 문장을 만들어보세요.

_____

_____

기본

뜻 무엇을 하기 전에 가장 먼저 해야 하는 것이나 꼭 있어야 하는 것

예시 선생님과 친구들에게 인사를 잘하는 건 기본예절이에요.

활동 '기본'을 사용해 문장을 만들어보세요.

_____

_____

까닭

- **뜻**: 어떤 일이 생기거나 어떠한 일을 하게 된 이유나 사정
- **예시**: 내가 오늘 학교에 지각한 것은 그럴 만한 까닭이 있어서예요.
- **활동**: '까닭'을 사용해 문장을 만들어보세요.

_____

_____

경험

- **뜻**: 자신이 실제로 해보거나 겪어봄.
- **예시**: 할머니 댁 근처 계곡에서 물고기도 잡고, 물놀이도 하면서 즐거운 경험을 했어요.
- **활동**: '경험'을 사용해 문장을 만들어보세요.

_____

_____

다양하다

- **뜻** 색깔, 모양, 종류, 내용 등이 여러 가지로 많다

- **예시** 세상에는 다양한 모습의 사람들이 살아가고 있어요.

- **활동** '다양하다'를 사용해 문장을 만들어보세요.

_____

_____

다급하다

- **뜻** 일이 닥쳐서 몹시 급하다

- **예시** 조금 전에 엄마가 전화를 받고 다급하게 나가셨어요.

- **활동** '다급하다'를 사용해 문장을 만들어보세요.

_____

_____

도전

뜻 목표한 것을 얻기 위해 어려움에 맞섬

예시 김 선수는 이번 대회에서 높이뛰기 개인 최고 기록 도전에 나서겠다고 밝혔어요.

활동 '도전'을 사용해 문장을 만들어보세요.

_____

_____

방법

뜻 어떤 일을 해나가거나 목적을 이루기 위해 취하는 수단이나 방식

예시 그 일을 어떻게 해결해야 할지 방법을 모르겠어요.

활동 '방법'을 사용해 문장을 만들어보세요.

_____

_____

발견

뜻 아직 찾아내지 못했거나 세상에 알려지지 않은 것을 처음으로 찾아냄

예시 콜롬버스는 신대륙을 발견했어요.

활동 '발견'을 사용해 문장을 만들어보세요.

_____

_____

발전

뜻 더 좋은 상태나 더 높은 단계로 나아감

예시 한국의 과학기술은 나날이 발전해나가며 전 세계적인 인정을 받았어요.

활동 '발전'을 사용해 문장을 만들어보세요.

_____

_____

변화

- 뜻 무엇의 모양이나 상태, 성질 등이 달라짐

- 예시 스마트폰 사용은 사람들의 생활에 큰 **변화**를 가져왔어요.

- 활동 '**변화**'를 사용해 문장을 만들어보세요.

_____

_____

배열

- 뜻 일정한 순서나 간격으로 죽 벌여놓음

- 예시 책장에 책을 키를 맞춰 가지런히 **배열**해두었어요.

- 활동 '**배열**'을 사용해 문장을 만들어보세요.

_____

_____

초등 학년별 필수 어휘 150

부족

뜻 필요한 양이나 기준에 모자라거나 충분하지 않음

예시 시간이 부족해서 줄넘기 연습을 충분히 못했어요.

활동 '부족'을 사용해 문장을 만들어보세요.

_____

_____

비교

뜻 둘 이상의 것을 함께 놓고 어떤 점이 같고 다른지 살펴봄

예시 사고 싶은 것이 여러 개 있을 때는 각각의 물건을 꼼꼼히 비교해보고 사는 게 좋아요.

활동 '비교'를 사용해 문장을 만들어보세요.

_____

_____

상상

뜻 실제로 없는 것이나 경험하지 않은 것을 머릿속으로 그려봄

예시 서연이는 즐거운 상상을 하며 잠드는 걸 좋아해요.

활동 '상상'을 사용해 문장을 만들어보세요.

_____

_____

상황

뜻 일이 진행되어가는 형편이나 모양

예시 긴급 상황에는 119로 전화해 도움을 요청하세요.

활동 '상황'을 사용해 문장을 만들어보세요.

_____

_____

설명

뜻 어떤 것을 다른 사람에게 알기 쉽게 풀어 말함

예시 선생님은 내가 한 질문에 대해 이해하기 쉽게 **설명**해 주셨다.

활동 '**설명**'을 사용해 문장을 만들어보세요.

_____

_____

순서

뜻 정해진 기준에서 앞뒤, 좌우, 위아래 등의 차례 관계

예시 우리는 급식실에 갈 때 번호 **순서**대로 줄을 서서 가요.

활동 '**순서**'를 사용해 문장을 만들어보세요.

_____

_____

실감

- **뜻** 실제로 겪고 있다는 느낌

- **예시** 비행기를 타고 나서야 정말 여행을 간다는 실감이 났다.
- **활동** '실감'을 사용해 문장을 만들어보세요.

_____

_____

실천

- **뜻** 이론이나 계획, 생각한 것을 실제 행동으로 옮김

- **예시** 선생님이 실천할 수 있는 방학 계획을 세우라고 말씀하셨어요.
- **활동** '실천'을 사용해 문장을 만들어보세요.

_____

_____

양보

- **뜻** 다른 사람을 위해 자리나 물건 등을 내주거나 자신의 생각을 굽혀 남의 의견을 따름
- **예시** 부모님은 항상 동생한테 양보하라고 하셔서 나는 억울할 때가 종종 있다.
- **활동** '양보'를 사용해 문장을 만들어보세요.

_____

_____

완성

- **뜻** 완전하게 다 이룸
- **예시** 색칠을 꼼꼼하게 하느라 그림을 완성하는 데 시간이 많이 걸렸어요.
- **활동** '완성'을 사용해 문장을 만들어보세요.

_____

_____

예상

- 뜻: 앞으로 있을 일이나 상황을 짐작함, 또는 그런 내용
- 예시: 청팀 백팀의 달리기 실력이 막상막하라 마지막까지 계주 우승 팀을 예상하기 어려웠다.
- 활동: '예상'을 사용해 문장을 만들어보세요.

_____

_____

지시

- 뜻: 어떤 것을 가리켜서 보게 함, 또는 무엇을 하라고 시키는 것
- 예시: 감기약은 먹었다 안 먹었다 하면 안 되고 약사의 지시에 따라 복용해야 해요.
- 활동: '지시'를 사용해 문장을 만들어보세요.

_____

_____

평평하다

뜻 바닥이 고르고 넓게 퍼져 있다

예시 우리 집 앞 **평평한** 산책로는 걷기가 편해 사람들에게 인기가 많아요.

활동 '**평평하다**'를 사용해 문장을 만들어보세요.

_____

_____

표시하다

뜻 의견이나 감정 등을 겉으로 드러내 보이다

예시 우리 반에서는 투표를 통해 자신의 의견을 **표시한다**.

활동 '**표시하다**'를 사용해 문장을 만들어보세요.

_____

_____

표현

- **뜻** 느낌이나 생각 등을 말, 글, 몸짓으로 나타내 겉으로 드러냄
- **예시** 내 생각을 잘 **표현**하기 위해서는 우물거리지 말고 또박또박 말해야 한다.
- **활동** '**표현**'을 사용해 문장을 만들어보세요.

_____

_____

활용

- **뜻** 어떤 대상이 가지고 있는 쓰임이나 능력을 충분히 잘 이용함
- **예시** 페트병을 버리지 말고 화분으로 **활용**해보자.
- **활동** '**활용**'을 사용해 문장을 만들어보세요.

_____

_____

현장

- **뜻** 일이 생긴 자리

- **예시** 교통사고 현장에는 이미 경찰들이 도착해 있었다.

- **활동** '현장'을 사용해 문장을 만들어보세요.

  _____

  _____

특징

- **뜻** 다른 것에 비해 특별히 달라 눈에 뜨는 점

- **예시** 지구온난화 때문에 사계절이 뚜렷한 한국의 특징이 점점 사라지고 있어요.

- **활동** '특징'을 사용해 문장을 만들어보세요.

  _____

  _____

감상

- **뜻** 예술 작품이나 경치 등을 즐기고 이해하면서 평가함

- **예시** 선생님은 영화 감상이 취미라고 말씀하셨다.

- **활동** '감상'을 사용해 문장을 만들어보세요.

_____

_____

대피

- **뜻** 위험을 피해 잠깐 안전한 곳으로 감

- **예시** 갑작스러운 폭우로 건물이 물에 잠기자 사람들은 서둘러 대피하기 시작했다.

- **활동** '대피'를 사용해 문장을 만들어보세요.

_____

_____

방해

뜻 일이 제대로 되지 못하도록 간섭하고 막음

예시 동생이 자꾸 내 방문을 열고 들어와서 숙제하는 데 **방해**가 됐다.

활동 '**방해**'를 사용해 문장을 만들어보세요.

_____

_____

배려

뜻 관심을 가지고 보살펴주거나 도와줌

예시 서아는 새로 전학 온 친구에게 학교생활을 알려주며 이런저런 **배려**를 해주었다.

활동 '**배려**'를 사용해 문장을 만들어보세요.

_____

_____

책임

뜻 맡은 일이나 의무

예시 선생님은 반 친구들에게 각자 자기가 맡은 일에 **책임**을 져야 한다고 말씀하셨어요.

활동 '**책임**'을 사용해 문장을 만들어보세요.

_____

_____

접근

뜻 가까이 다가감

예시 공사장 주변은 위험하므로 '**접근** 금지'라는 안내문이 붙어 있었다.

활동 '**접근**'을 사용해 문장을 만들어보세요.

_____

_____

태도

- **뜻** 몸을 움직이거나 어떤 일을 대하는 마음이 드러나는 자세, 또는 어떤 일에 대한 생각
- **예시** 수민이의 버릇없는 태도를 보고 선생님이 야단을 치셨다.
- **활동** '태도'를 사용해 문장을 만들어보세요.

_____

_____

평소

- **뜻** 특별한 일이 없는 보통 때
- **예시** 평소에 책을 많이 읽는 민정이는 아는 것이 많은 편이다.
- **활동** '평소'를 사용해 문장을 만들어보세요.

_____

_____

포기

뜻 하려던 일이나 생각을 중간에 그만둠

예시 한 번 더 도전해봐. 지금 **포기**하긴 너무 일러!

활동 '**포기**'를 사용해 문장을 만들어보세요.

_____

_____

화해

뜻 싸움을 멈추고 서로 가지고 있던 안 좋은 감정을 풀어 없앰

예시 걔가 먼저 미안하다고 사과하기 전까진 절대 **화해**하지 않을 거야.

활동 '**화해**'를 사용해 문장을 만들어보세요.

_____

_____

이해

- **뜻** 무엇이 어떤 것인지를 앎

- **예시** 오늘 읽은 책은 어려워서 무슨 내용인지 이해하기 힘들었다.

- **활동** '이해'를 사용해 문장을 만들어보세요.

_____

_____

투명하다

- **뜻** 물이나 유리 등이 맑다, 사람의 말이나 태도, 벌어진 상황 등이 분명하다

- **예시** 창문을 닦고 나니 유리가 투명해져 바깥이 더 잘 보였다.

- **활동** '투명하다'를 사용해 문장을 만들어보세요.

_____

_____

각각

- **뜻** 여럿을 하나씩 떼어놓은 하나하나의 것

- **예시** 새 학기가 시작되기 전에 학용품 각각에 이름표를 붙였다.

- **활동** '각각'을 사용해 문장을 만들어보세요.

_____

_____

확인

- **뜻** 틀림없이 그러한지 알아보거나 인정함

- **예시** 선생님은 숙제 검사를 하실 때 항상 확인 도장을 찍어주신다.

- **활동** '확인'을 사용해 문장을 만들어보세요.

_____

_____

문화

- **뜻** 사회 공동체가 일정한 목적을 실현하기 위해 만들고 익히고 전달하는 물질적, 정신적 활동
- **예시** 요즘 K팝을 포함한 한국 문화가 전 세계적으로 큰 인기를 얻고 있다.
- **활동** '문화'를 사용해 문장을 만들어보세요.

_____

_____

현재

- **뜻** 지금 이때
- **예시** 타임 슬립은 현재 과학기술로는 불가능하대요.
- **활동** '현재'를 사용해 문장을 만들어보세요.

_____

_____

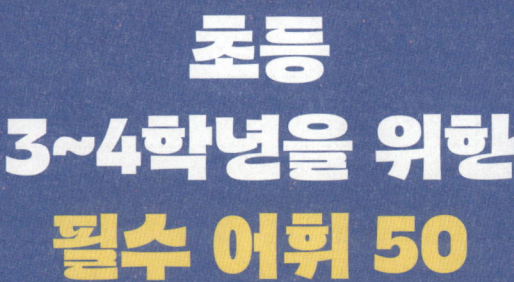

초등
3~4학년을 위한
필수 어휘 50

가치

뜻 값이나 귀중한 정도 또는 의미나 중요성

예시 경제가 불안할수록 금 가치가 많이 오른다고 해요.

활동 '가치'를 사용해 문장을 만들어보세요.

_____

_____

게시

뜻 여러 사람이 알 수 있도록 내걸어 두루 보게 함

예시 우리 반 칠판 옆에는 한 주 수업 계획표가 게시되어 있다.

활동 '게시'를 사용해 문장을 만들어보세요.

_____

_____

결과

- **뜻** 어떤 일이나 과정이 끝난 후의 상태나 현상

- **예시** 수학 복습을 제대로 하지 않았더니 역시나 단원 평가 **결과**가 나빴다.

- **활동** '**결과**'를 사용해 문장을 만들어보세요.

_____

_____

구별

- **뜻** 성질이나 종류에 따라 차이가 남. 또는 성질이나 종류에 따라 갈라놓음

- **예시** 이 영화는 남녀노소 **구별** 없이 즐길 수 있는 가족 영화입니다.

- **활동** '**구별**'을 사용해 문장을 만들어보세요.

_____

_____

사고

- **뜻** 어떤 것에 대해 깊이 있게 생각함.
- **예시** 책을 많이 읽지 않는 사람들은 많이 읽는 사람에 비해 사고 능력이 떨어진다.
- **활동** '사고'를 사용해 문장을 만들어보세요.

_____

_____

관련

- **뜻** 둘 이상의 사람, 사물, 현상 등이 서로 영향을 주고받도록 관계를 맺고 있음.
- **예시** 글쓰기 숙제를 하기 위해서 도서관에서 관련 도서를 찾았다.
- **활동** '관련'을 사용해 문장을 만들어보세요.

_____

_____

비난하다

뜻 다른 사람의 잘못이나 결점에 대해 나쁘게 말하다

예시 잘잘못을 따지고 비난하기 전에 왜 그랬는지 이유부터 물어보자.

활동 '비난하다'를 사용해 문장을 만들어보세요.

_____

_____

기준

뜻 구별하거나 정도를 판단하기 위해 그것과 비교하도록 정한 대상이나 잣대

예시 이번 대회에서 가장 중요한 심사 기준은 얼마나 새로운 아이디어를 냈느냐하는 것이다.

활동 '기준'을 사용해 문장을 만들어보세요.

_____

_____

바탕

뜻 사물이나 현상을 이루는 근본

예시 작가님은 동물 사육사로 지내본 경험을 **바탕**으로 이번 소설을 쓰셨대요.

활동 '**바탕**'을 사용해 문장을 만들어보세요.

_____

_____

실망

뜻 기대하던 대로 되지 않아 희망을 잃거나 마음이 몹시 상함

예시 생일에 놀이공원에 가기로 했는데, 못 가게 돼서 크게 **실망**했어요.

활동 '**실망**'을 사용해 문장을 만들어보세요.

_____

_____

실패

뜻 원하거나 목적한 것을 이루지 못함

예시 실패는 성공의 어머니라고 하니까 다음번엔 더 잘할 수 있을 거야.

활동 '실패'를 사용해 문장을 만들어보세요.

_____

_____

양심

뜻 자신이 스스로 세운 옳고 그름을 판단하는 기준에 따라 바른 말과 행동을 하려는 마음

예시 양심이 있다면 그런 거짓말은 하면 안 되는 거 아니야?

활동 '양심'을 사용해 문장을 만들어보세요.

_____

_____

어림

- **뜻** 짐작해서 대강 헤아림

- **예시** 어림으로만 봐도 유림이의 키 링은 열 개가 넘는다.

- **활동** '어림'을 사용해 문장을 만들어보세요.

_____

_____

영향

- **뜻** 어떤 것의 효과나 작용이 다른 것에 미치는 것.

- **예시** 영상을 많이 보는 것은 사람의 뇌에 나쁜 영향을 미친다.

- **활동** '영향'을 사용해 문장을 만들어보세요.

_____

_____

예방

뜻 병이나 사고 등이 생기지 않도록 미리 막음.

예시 봄에는 날씨가 건조하기 때문에 산불 예방에 힘써야 한다.

활동 '예방'을 사용해 문장을 만들어보세요.

_____

_____

요청

뜻 필요한 일을 해달라고 부탁함

예시 다친 동물을 발견하고 야생동물 센터에 구조를 요청했어요.

활동 '요청'을 사용해 문장을 만들어보세요.

_____

_____

의문

- **뜻** 어떤 것에 대해 의심스럽게 생각함, 또는 의심스러운 문제나 사실
- **예시** 그런 일이 왜 자꾸 생기는지 의문이 생겨서 문제의 진짜 원인을 찾아보려고 해요.
- **활동** '의문'을 사용해 문장을 만들어보세요.

_____

_____

영역

- **뜻** 한 나라의 주권이 미치는 범위로 영토, 영해, 영공으로 구성된다
- **예시** 다른 나라의 영역을 침범하면 전쟁이 일어날 수 있어요.
- **활동** '영역'을 사용해 문장을 만들어보세요.

_____

_____

조사

뜻 어떤 일이나 사물의 내용을 알기 위해 자세히 살펴보거나 찾아봄

예시 설문조사를 통해 반 친구들의 불만 사항을 알아보려고 해요.

활동 '조사'를 사용해 문장을 만들어보세요.

_____

_____

짐작

뜻 사정이나 형편 등을 어림잡아 생각함

예시 도대체 무슨 생각으로 저런 행동을 하는지 짐작도 할 수 없다.

활동 '짐작'을 사용해 문장을 만들어보세요.

_____

_____

전시

- **뜻** 찾아온 사람들에게 보여주도록 여러 가지 물품을 한 곳에 차려놓음.
- **예시** 이 작품은 한 달 동안 현대미술관에 전시될 예정이에요.
- **활동** '전시'를 사용해 문장을 만들어보세요.

_____

_____

협동

- **뜻** 어떤 일을 하기 위해 서로 마음과 힘을 하나로 합함
- **예시** 우리 모둠은 다 함께 협동해서 과제를 성공적으로 마무리했다.
- **활동** '협동'을 사용해 문장을 만들어보세요.

_____

_____

연기

뜻 정해진 시기를 뒤로 미룸

예시 비가 온다는 예보에 현장학습이 다음 주로 연기됐어요.

활동 '연기'를 사용해 문장을 만들어보세요.

_____

_____

이익

뜻 물질적으로나 정신적으로 보탬이나 도움이 되는 것

예시 자기 이익만 챙기는 사람과는 친해지고 싶지 않아요.

활동 '이익'을 사용해 문장을 만들어보세요.

_____

_____

명확하다

- **뜻** 분명하고 확실하다

- **예시** 좋은지 싫은지 명확하게 답해야 상대가 내 의사를 알 수 있어요.

- **활동** '명확하다'를 사용해 문장을 만들어보세요.

_____

_____

편견

- **뜻** 공평하고 올바르지 못하고 한쪽으로 치우친 생각

- **예시** 편견에 사로잡히면 나와 의견이 다른 사람과 제대로 대화하기 어려워요.

- **활동** '편견'을 사용해 문장을 만들어보세요.

_____

_____

측정하다

뜻 일정한 양을 기준으로 해서 같은 종류의 다른 양의 크기를 재다

예시 실험 방법을 다르게 **측정할** 때마다 결과가 다르게 나왔다.

활동 '**측정하다**'를 사용해 문장을 만들어보세요.

_____

_____

신중하다

뜻 매우 조심스럽다

예시 중요한 일을 결정하기 전에는 **신중하게** 생각할 필요가 있다.

활동 '**신중하다**'를 사용해 문장을 만들어보세요.

_____

_____

검토하다

뜻 어떤 사실이나 내용을 자세히 따져서 조사하고 분석하다

예시 시험지를 제출하기 전에 실수한 곳은 없는지 여러 번 검토했다.

활동 '검토하다'를 사용해 문장을 만들어보세요.

_____

_____

증거

뜻 어떤 사건이나 사실을 확인할 수 있는 근거

예시 도자기를 깨뜨린 사람이 민서라는 증거는 그 어디에서도 찾을 수 없었다.

활동 '증거'를 사용해 문장을 만들어보세요.

_____

_____

확산하다

- 뜻: 흩어져 널리 퍼지다

- 예시: 코로나 감염 **확산**을 막기 위해 정부는 각별한 주의를 기울이고 있다.

- 활동: '확산하다'를 사용해 문장을 만들어보세요.

_____

_____

위급하다

- 뜻: 어떤 일이나 상태가 몹시 위험하고 급하다

- 예시: 새파랗게 질린 친구의 얼굴을 보고 **위급한** 상황이라는 걸 단번에 알아챘다.

- 활동: '위급하다'를 사용해 문장을 만들어보세요.

_____

_____

달성하다

뜻 목적한 것을 이루다

예시 이번 방학이 시작할 때 세웠던 30권 책 읽기 목표를 달성했다.

활동 '달성하다'를 사용해 문장을 만들어보세요.

_____

_____

추가하다

뜻 나중에 더 보태다

예시 우리나라 축구팀은 후반전에서 2점을 **추가해** 승리를 거두었다.

활동 '추가하다'를 사용해 문장을 만들어보세요.

_____

_____

보존

뜻 중요한 것을 잘 보호해 그대로 남김

예시 이 집은 지은 지 100년이 다 되었다는 말을 믿기 어려울 정도로 보존이 잘되어 있다.

활동 '보존'을 사용해 문장을 만들어보세요.

_____

_____

생략

뜻 전체에서 일부분을 줄이거나 빼서 짧게 또는 간단하게 만듦

예시 우리는 보통 '을/를' 같은 조사는 생략하고 말할 때가 많다.

활동 '생략'을 사용해 문장을 만들어보세요.

_____

_____

전달

뜻 사물을 어떤 대상에게 전해서 받게 함

예시 준영이가 이 쪽지를 너한테 전달해달래.

활동 '전달'을 사용해 문장을 만들어보세요.

_____

_____

연결

뜻 둘 이상의 사물이나 현상 등이 서로 이어지거나 관계를 맺음

예시 문장과 문장이 자연스럽게 연결되지 않아서 글이 좀 어색해.

활동 '연결'을 사용해 문장을 만들어보세요.

_____

_____

영리

- **뜻** 재산상의 이익을 얻음

- **예시** 대부분의 기업은 영리 추구를 가장 중요하게 생각한다.
- **활동** '영리'를 사용해 문장을 만들어보세요.

_____

_____

낭비

- **뜻** 돈, 시간, 물건 등을 헛되이 함부로 씀

- **예시** 이를 닦을 때 물을 계속 틀어놓지 마세요. 물을 낭비하게 되니까요.
- **활동** '낭비'를 사용해 문장을 만들어보세요.

_____

_____

희망

- **뜻** 앞일에 대해 기대를 가지고 바람 또는 앞으로 잘될 수 있는 가능성
- **예시** 언제나 긍정적인 현아는 안 좋은 일이 생겨도 희망을 잃지 않는다.
- **활동** '희망'을 사용해 문장을 만들어보세요.

_____

_____

심각하다

- **뜻** 상태의 정도가 매우 깊고 중대하다
- **예시** 너무 심각하게 생각하지 마. 시간이 지나면 다 괜찮아질 거야.
- **활동** '심각하다'를 사용해 문장을 만들어보세요.

_____

_____

과장하다

뜻 사실에 비해 지나치게 크거나 좋게 부풀려 나타내다

예시 예은이는 자기가 경험한 일을 과장해서 말하는 버릇이 있다.

활동 '과장하다'를 사용해 문장을 만들어보세요.

_____

_____

전망하다

뜻 앞날을 미리 예상하다

예시 스포츠 경기는 어느 팀이 이길지 결과를 전망하기 쉽지 않다.

활동 '전망하다'를 사용해 문장을 만들어보세요.

_____

_____

점검하다

뜻 낱낱이 검사하다

예시 우리 가족은 여행을 떠나기 전에 빠뜨린 물건은 없는지 꼼꼼히 점검했다.

활동 '점검하다'를 사용해 문장을 만들어보세요.

_____

_____

차별

뜻 둘 이상을 차등을 두어 구별함

예시 모든 사람은 평등하므로 성별, 피부색, 직업 등에 따라 차별해서는 안 된다.

활동 '차별'을 사용해 문장을 만들어보세요.

_____

_____

교환

뜻 무엇을 다른 것으로 바꿈

예시 이제 필요 없어진 내 포토 카드와 친구가 가진 것을 교환했다.

활동 '교환'을 사용해 문장을 만들어보세요.

_____

_____

피로

뜻 정신이나 몸이 지쳐 힘든 상태

예시 며칠 푹 쉬었더니 여행 중에 쌓인 피로가 풀렸다.

활동 '피로'를 사용해 문장을 만들어보세요.

_____

_____

토론하다

뜻 어떤 문제에 대해 여러 사람이 옳고 그름을 따지며 논의하다

예시 우리는 수업 시간에 사형 제도 폐지에 대한 토론을 벌였다.

활동 '토론하다'를 사용해 문장을 만들어보세요.

_____

_____

권리

뜻 어떤 일을 하거나 다른 사람에게 요구할 수 있는 정당한 힘 또는 자격

예시 우리나라는 민주주의국가이므로 투표를 통해 국민의 권리를 누릴 수 있다.

활동 '권리'를 사용해 문장을 만들어보세요.

_____

_____

초등 5~6학년을 위한 필수 어휘 50

감안하다

뜻 여러 사정을 살펴서 생각하다

예시 시험 볼 때 생길 수 있는 여러 상황을 감안해, 연필을 넉넉히 준비했다.

활동 '감안하다'를 사용해 문장을 만들어보세요.

_____

_____

가정하다

뜻 사실이 아니거나 사실인지 아닌지 분명하지 않은 것을 임시로 받아들이다

예시 지연이의 말이 사실이라고 가정해도 지연이의 주장대로 할 수는 없어.

활동 '가정하다'를 사용해 문장을 만들어보세요.

_____

_____

갈등

뜻 서로 생각이 달라 부딪치는 것

예시 나는 친구와 갈등이 생겨 크게 싸우고야 말았다.

활동 '갈등'을 사용해 문장을 만들어보세요.

_____

_____

규범

뜻 한 사회의 구성원으로서 따르고 지켜야 할 원리나 행동 양식

예시 부모님은 규범에 어긋나는 행동은 절대 하면 안 된다고 여러 번 말씀하셨다.

활동 '규범'을 사용해 문장을 만들어보세요.

_____

_____

구조

뜻 여러 부분이나 요소가 서로 어울려 전체를 이룸

예시 글의 **구조**가 잘 짜인 글이 논리적인 글이다.

활동 '구조'를 사용해 문장을 만들어보세요.

_____

_____

논의

뜻 어떤 문제에 대해 서로 의견을 말하며 의논함

예시 충분한 **논의**를 거쳐 해결 방안을 찾아야 모두가 만족하는 결론을 낼 수 있다.

활동 '논의'를 사용해 문장을 만들어보세요.

_____

_____

노동

뜻 사람이 필요한 음식이나 물자를 얻기 위해 육체적으로나 정신적으로 하는 일

예시 사람은 적절한 노동을 하면서 살아야 보람을 느낄 수 있다.

활동 '노동'을 사용해 문장을 만들어보세요.

_____

_____

대립

뜻 생각이나 의견, 입장이 서로 반대되거나 맞지 않음

예시 심해 자원 개발과 바다 보호를 놓고 양측의 의견이 팽팽하게 대립하고 있다.

활동 '대립'을 사용해 문장을 만들어보세요.

_____

_____

명명하다

뜻 사람, 물건, 일 등에 이름을 지어 붙이다

예시 2010년부터 2024년까지 태어난 사람들을 '알파 세대'라고 명명한다.

활동 '명명하다'를 사용해 문장을 만들어보세요.

_____

_____

분석하다

뜻 더 잘 이해하기 위해 어떤 현상이나 사물을 여러 요소나 성질로 나누다

예시 전문가들은 점점 늘어나는 탄소 배출로 지구온난화가 더욱더 심해질 것으로 분석하고 있다.

활동 '분석하다'를 사용해 문장을 만들어보세요.

_____

_____

성장

뜻 사람이나 동물이 자라서 점점 커짐, 또는 사람이 꾸준히 노력하거나 경험을 쌓아 발전된 모습으로 자람

예시 그 영화 주인공은 어려움 속에서도 용기와 희망을 잃지 않고 노력해 훌륭한 기업가로 성장했다.

활동 '성장'을 사용해 문장을 만들어보세요.

_____

_____

심취하다

뜻 무엇에 깊이 빠져 그것을 아주 좋아하다

예시 요즘 우리 언니는 소설에 심취해 주말 내내 책만 읽는다.

활동 '심취하다'를 사용해 문장을 만들어보세요.

_____

_____

양상

뜻 사물이나 현상의 모양이나 상태

예시 팬층의 변화에 따라 K팝은 다른 **양상**을 보이며 변화하고 있다.

활동 '양상'을 사용해 문장을 만들어보세요.

_____

_____

예측

뜻 앞으로의 일을 미리 추측함

예시 올여름 내내 비가 올 거라는 기상청의 **예측**은 빗나갔다.

활동 '예측'을 사용해 문장을 만들어보세요.

_____

_____

의도

뜻 무엇을 하고자 하는 생각이나 계획

예시 조금 전에 한 말의 의도가 뭐였냐고 따지듯 물었다.

활동 '의도'를 사용해 문장을 만들어보세요.

정의

뜻 어떤 말이나 사물의 뜻을 명확히 밝혀 분명하게 정함, 또는 그 뜻

예시 사전을 찾아보면 단어의 정의가 나와 있다.

활동 '정의'를 사용해 문장을 만들어보세요.

전략

- **뜻** 전쟁에서 이기기 위한 방법과 계획, 또는 사회적 활동을 하는 데 필요한 방법과 계획
- **예시** 시험을 잘 보기 위해서는 무엇보다 전략을 잘 세우는 게 중요하다.
- **활동** '전략'을 사용해 문장을 만들어보세요.

_____

_____

주장

- **뜻** 자신의 의견이나 신념을 굳게 내세움, 또는 그런 의견이나 신념
- **예시** 주장을 효과적으로 내세우려면 논리적인 근거가 필요하다.
- **활동** '주장'을 사용해 문장을 만들어보세요.

_____

_____

축소하다

뜻 수량, 부피, 규모 등을 줄여서 작게 하다

예시 사람들은 자신에게 유리한 것은 부풀려 말하고, 불리한 내용은 축소해 말하는 경향이 있다.

활동 '축소하다'를 사용해 문장을 만들어보세요.

_____

_____

추론하다

뜻 미루어 생각해 옳고 그름을 따지다

예시 수학을 잘하려면 문제를 보고 추론할 줄 아는 힘이 필요하다.

활동 '추론하다'를 사용해 문장을 만들어보세요.

_____

_____

추측하다

뜻 어떤 사실이나 보이는 것을 통해 다른 무엇을 미루어 짐작함

예시 친구 관계에 대한 내 **추측**은 맞을 때보다 틀릴 때가 더 많은 것 같다.

활동 '**추측하다**'를 사용해 문장을 만들어보세요.

_____

_____

찬반

뜻 찬성과 반대

예시 **찬반** 투표 결과에 따라 우리 반은 한 달에 한 번씩 제비뽑기로 짝을 정하기로 했다.

활동 '**찬반**'을 사용해 문장을 만들어보세요.

_____

_____

탐구

뜻 학문 등을 깊이 파고들어 연구함

예시 어려서부터 **탐구**하기를 즐겨하던 유진이는 결국 과학자가 되었다.

활동 '**탐구**'를 사용해 문장을 만들어보세요.

_____

_____

평가

뜻 사물의 값이나 가치, 수준 등을 헤아려 정함, 또는 그 값이나 가치, 수준

예시 다른 사람이 너에 대해 내리는 **평가**에 너무 신경 쓰지 마.

활동 '**평가**'를 사용해 문장을 만들어보세요.

_____

_____

확대하다

뜻 넓혀서 크게 하다

예시 고구려는 주변 나라들을 정복해 영토를 확대했다.

활동 '확대하다'를 사용해 문장을 만들어보세요.

_____

_____

형성

뜻 어떤 모습이나 모양을 갖춤

예시 독서를 꾸준히 하기 위해서는 무엇보다도 독서 습관 형성이 중요하다.

활동 '형성'을 사용해 문장을 만들어보세요.

_____

_____

한계

- **뜻** 어떤 것이 실제로 일어나거나 영향을 미칠 수 있는 범위나 경계
- **예시** 마라톤에서 세계신기록을 경신한 케냐 선수는 인간의 한계를 뛰어넘었다는 평가를 받았다.
- **활동** '한계'를 사용해 문장을 만들어보세요.

_____

_____

혼잡하다

- **뜻** 여러 가지가 한데 뒤섞여 어지럽고 복잡하다
- **예시** 출퇴근 시간에는 차들로 도로가 혼잡해진다.
- **활동** '혼잡하다'를 사용해 문장을 만들어보세요.

_____

_____

관용

뜻 다른 사람의 잘못을 너그러이 받아들이거나 용서함

예시 엄마는 거짓말을 한 나에게 관용을 베풀어 용서해주셨다.

활동 '관용'을 사용해 문장을 만들어보세요.

_____

_____

부여하다

뜻 가치, 권리, 의무, 임무 등을 갖게 하다

예시 졸업 여행에는 아무래도 특별한 의미가 부여되게 마련이다.

활동 '부여하다'를 사용해 문장을 만들어보세요.

_____

_____

전폭적

뜻 어떤 범위 전체에 걸쳐 남김없이 완전한 것

예시 아빠는 과학자가 되겠다는 나의 꿈에 **전폭적**인 지지를 해주셨다.

활동 '전폭적'을 사용해 문장을 만들어보세요.

_____

_____

탁월하다

뜻 남보다 훨씬 뛰어나다

예시 그의 피아노 연주 실력은 다른 연주자들과 비교가 안 될 만큼 **탁월했다**.

활동 '탁월하다'를 사용해 문장을 만들어보세요.

_____

_____

추세

뜻 어떤 일이나 현상이 일정한 방향으로 나아가는 경향

예시 전 세계적으로 인구 절벽 현상이 늘어나는 추세다.

활동 '추세'를 사용해 문장을 만들어보세요.

_____

_____

동등하다

뜻 등급이나 정도가 같다

예시 현대사회는 인종, 성별과 관계없이 모든 사람을 동등하게 대우한다.

활동 '동등하다'를 사용해 문장을 만들어보세요.

_____

_____

유려하다

뜻 말이나 글, 곡선이 거침없이 미끈하고 아름답다

예시 이 작가의 문장은 유려하다는 평가를 자주 받는다.

활동 '유려하다'를 사용해 문장을 만들어보세요.

_____

_____

절정

뜻 사물의 진행이나 발전이 최고에 이른 상태

예시 이야기가 절정에 이르자, 긴장감이 커져 책을 손에서 놓을 수 없었다.

활동 '절정'을 사용해 문장을 만들어보세요.

_____

_____

수혜

뜻 이익이나 도움을 받음

예시 정부는 많은 국민이 수혜를 받을 수 있도록 건강보험 적용 범위를 확대했다.

활동 '수혜'를 사용해 문장을 만들어보세요.

_____

_____

냉대하다

뜻 정 없이 차갑게 대하다

예시 내가 몇 번 모임에 못 나갔더니 사람들이 나를 냉대하는 것 같았다.

활동 '냉대하다'를 사용해 문장을 만들어보세요.

_____

_____

경청

뜻 다른 사람이 말하는 것을 귀 기울여 들음

예시 다른 사람의 말을 경청하지 않는 사람과는 별로 대화하고 싶지 않다.

활동 '경청'을 사용해 문장을 만들어보세요.

_____

_____

소모

뜻 써서 없앰

예시 극심한 무더위로 전국적으로 전력 소모가 컸다.

활동 '소모'를 사용해 문장을 만들어보세요.

_____

_____

감응

뜻 어떤 사실이나 사물, 자연에서 느낌을 받아 마음이 움직임

예시 나는 그 작가님이 쓴 글을 읽고 큰 감응을 느꼈다.

활동 '감응'을 사용해 문장을 만들어보세요.

_____

_____

촉구

뜻 어떤 일을 급하게 빨리하도록 요청함

예시 시민단체는 환경을 파괴하는 그 정책의 철회를 촉구했다.

활동 '촉구'를 사용해 문장을 만들어보세요.

_____

_____

개탄

뜻 분하고 안타깝게 여겨 탄식하다

예시 선생님들은 요즘 학생들이 욕설을 많이 쓰는 현실을 개탄하며 이를 바로잡기 위해 나섰다.

활동 '개탄'을 사용해 문장을 만들어보세요.

_____

_____

고갈

뜻 물이 말라서 없어짐, 또는 자원이나 물질 등이 다 써서 없어짐

예시 강원도의 극심한 가뭄으로 마실 물이 고갈되어 마을 주민들이 고생하고 있다.

활동 '고갈'을 사용해 문장을 만들어보세요.

_____

_____

결의

- **뜻** 어떤 일을 하기로 굳게 마음을 정함, 또는 그런 마음 상태
- **예시** 미술을 전공하겠다는 동생의 단호한 **결의**를 가족 중 아무도 꺾지 못했다.
- **활동** '**결의**'를 사용해 문장을 만들어보세요.

_____

_____

복원하다

- **뜻** 원래의 상태나 모습으로 돌아가게 하다
- **예시** 훼손된 유명 작가의 그림을 **복원해** 다음 달 중으로 재전시할 예정입니다.
- **활동** '**복원하다**'를 사용해 문장을 만들어보세요.

_____

_____

유래하다

뜻 사물이나 일이 생겨나다

예시 이 단어의 뜻은 어디에서 **유래했는지** 아세요?

활동 '유래하다'를 사용해 문장을 만들어보세요.

___

___

해박하다

뜻 여러 방면으로 학식이 넓고 아는 것이 많다

예시 재은이는 역사책을 많이 읽어서 역사에 **해박한** 지식을 갖추고 있다.

활동 '해박하다'를 사용해 문장을 만들어보세요.

___

___

반박하다

뜻 어떤 의견이나 주장 등에 반대해 말하다

예시 상대방의 주장이 왜 틀렸는지 근거를 들어 반박했다.

활동 '반박하다'를 사용해 문장을 만들어보세요.

_____

_____

공급하다

뜻 요구나 필요에 따라 물건이나 돈 등을 제공하다

예시 우리 정부는 아프리카에 쌀 종자를 공급하는 동시에 재배 방법을 알려주었다.

활동 '공급하다'를 사용해 문장을 만들어보세요.

_____

_____